집밥둘리 가정식

박지연(집밥둘리)

손으로 무언가를 만드는 것을 좋아해서 대학교에서 요리를 전공했다. 졸업 후 전공 분야의 일을 몇 년간 하다 미국에서 살게 됐다. 인스타그램이 생기자마자 집밥이라는 콘셉트로 SNS를 시작하면서 콘텐츠 만드는 재미를 느꼈다. 오래된 물건을 좋아하는 취향에 요리를 연결해 꾸준히 콘텐츠를 업로드하고 있다. 3년 전, 미국에서의 삶을 정리하고 돌아와 빈티지 스튜디오 아날로그가제트를 열고 다양한 활동을 하고 있다.

인스타그램 @doolygrams @analog_gadget

Dooly's Home Cooking

집밥둘리 가정식

박지연 지음

taste BOOKS

Contents

Story & Recipes 2

따뜻한 한끼

Story & Recipes 3

집에서 외식

Story & Recipes 4

나들이 메뉴

Story & Recipes 5

밥 대신 안주

CHIMAY

Prologue

어릴 때부터 요리를 좋아했어요. 식당을 하시던 할머니 손에 자라서 요리란 늘 호기심 가득한 것이었습니다. 할머니의 손을 잡고 재래시장에 가면 인사하는 사람이 참 많았습니다. 주로 떡볶이 집에서 할머니를 기다렸고 그때의 떡볶이 사랑은 지금까지도 이어지고 있어요. 열두 살까지 할머니와 많은 시간을 보냈는데 그 이후로는 혼자 요리를 하기도 했어요. 부모님은 바쁘셨고 직접 김치볶음밥을 만들어 먹기도 했습니다. 30년이 지난 지금도 그때의 방법 그대로 만들어 먹고 있습니다. 어머니와는 일찍 헤어져 엄마의 손맛은 기억나지 않지만 희미하게나마 엄마가 만들어 주신 소시지나 프라이팬 피자가 생각나요. 대신 할머니의 음식은 여전히 남아 있어요. 남은 절편으로 해 주시던 떡볶이, 신김치와 곁들이던 돼지고기는 아직도 최고의 음식입니다.

고등학교 졸업 후 원하지 않는 학과로 대학교를 진학했지만 결국 과정을 채우지 못하고 그만두었습니다. 어릴 때부터 호기심도 많았고 하고 싶었던 일도 많았지만 진짜 원하는 걸 찾지 못하고 있었습니다. 제가 정말 원하는 건 요리였어요. 멋있는 셰프가 접시 위에 예술 작품을 올리는 듯한 요리가 아니라, 따뜻한 한끼였죠. 그래서 대학교 조리과에 들어가 요리를 좀 더 체계적으로 배웠습니다. 장학금이라는 것도 받아 보고 조교로 일도 하다가 문득 모든 걸 내려놓고 싶어져 뉴욕으로 떠났습니다.

결혼 후, 미국에 정착해서 몇 년 동안 육아와 요리에만 집중했어요. 집에서 육아만 하는 게 지쳐서 SNS를 열심히 하기도 했습니다. 주로 추억 속 한국 음식을 만들었어요. 해외라 구하기 힘든 식재료도 있었지만 큰 한인 슈퍼마켓이 있어서 대부분은 찾을 수 있었죠. 그렇게 SNS에서 다양한 음식을 소개하고 영상과 사진으로 소통하면서 타국에서의 외로움을 치유받기도 했습니다.

미국에 살면서 가장 흥미를 가졌던 건 빈티지 수집입니다. 중고등학생 때는 동대문에서 빈티지 스웨터를 사 입곤 했어요. 그래서인지 낡은 것에 대한 선입견이 없었는데, 우연히 앤티크 마켓에 갔다가 푹 빠져서 매일매일 출근하듯 다녔습니다. 이곳저곳을 찾아다니며 눈에 들어오는 것을 수집했어요.

가전부터 그릇까지 다양한 빈티지를 좋아하지만, 주방용품 중 어떤 빈티지를 좋아하냐고 묻는다면 파이렉스 밀크글라스라고 말하곤 합니다. 써도 써도 질리지 않고 선반에 올라가 있는 모습만으로도 시들지 않는 꽃을 보는 기분이랄까요. 1개, 2개, 어느새 살림살이가 창고와 차고에 가득 찰 정도로 모았어요. 그릇 말고도 라디오, 장난감, 낡은 간판, 자전거 등 마음에 들면 무조건 수집을 했던 것 같아요. 잘 보관해 스크래치조차 없는 것이 좋은 빈티지 제품이라고 하지만 저는 낡으면 낡은 대로 좋아요. 그 물건의 생애를 말해주는 것 같거든요.

그렇게 여러 가지를 수집하고 요리 콘텐츠를 만들다가 한국으로 귀국한 뒤에는 스튜디오를 차리고 커피와 음악이 있는 공간을 만들었어요. 한국에 정착하면서 여전히 사진과 콘텐츠를 남겼지만 몇 년간은 적응이 어려웠어요. 스튜디오를 오픈하며 새로운 일을 시작했고 전보다 SNS 활동을 많이 하지 못했지만 그 시간을 통해 배운 것도 많아요. 인스타그램이 처음 생겼을 때는 한국인을 찾기도 어려웠는데, 그때부터 지금까지 10년 동안 계정을 유지하고 요리책까지 출간하게 되었네요.

이 책에는 누구나 쉽게 구할 수 있는 재료와 어렵지 않은 메뉴로 구성해 간단하지만 맛있게 만들 수 있는 요리를 모았습니다. 독자분들께 따뜻한 잔치국수 한 그릇처럼 가까우면서도 편한 책이 되기를 바랍니다.

빈티지 요리책

오래된 요리책을 열면 그 속에 누군가가 기록한 요리 팁이라든지, 밑줄이나 대출카드가 있어 새 책보다 더 많은 상상을 할 수 있어요.
요리책을 볼 때 레시피도 중요하지만 사진 또한 중요합니다. 사진에서 그 책의 분위기, 요리의 맛까지 느껴지거든요. 플레이팅이나 접시를 주의 깊게 보며 어떤 요리에는 어떤 플레이팅이 어울리는지도 관찰하고요.
유행은 돌고 도는 터라 빈티지 요리책을 보며 영감을 떠올리기도 합니다. 주로 한국 요리를 만들지만 퓨전으로 만들어 보기도 하고 푸짐하게 담겨진 레트로한 요리를 참고하기도 해요.
해외 빈티지 요리책을 보면 그 나라의 문화나 처음 보는 메뉴가 담겨 있어 더욱 호기심을 갖게 되죠. 마음대로 여행을 갈 수는 없지만 상상으로 그곳을 만납니다.
베티 크로커Betty Crocker의 요리책에 등장하는 베티Betty는 가상의 캐릭터입니다. 이 책은 미국 가정에서 많이 먹는 메뉴를 소개한 빈티지 요리책으로 '미국 정통 가정식' 요리책이라고도 할 수 있어요. 요리책은 주제가 다양하게 구분됩니다. 전자레인지용 요리라든지, 미국에서 재해석한 세계 요리라든지요.
마트에 가면 베티 크로커에서 나오는 베이킹 용품도 있고 미국인들에게는 오래된 국민 브랜드입니다. 회사가 생긴 지 딱 100년이 되었다고 해요. 주방에 두는 것 자체로도 예뻐서 좋아하는 요리책입니다.

머그컵

모든 그릇을 좋아하지만 그중에서도 머그컵을 특히 좋아합니다. 빈티지 머그컵은 모양도 다양하고 두께도 다양하고 컵 위에 프린트된 그림도 참 귀여워요. 요즘 컵에서는 찾을 수 없는 귀여움이 있어요. 30년에서 70년 정도 되었지만 시간의 흐름이 느껴지지만 귀여운 머그컵이 참 많죠.

"빈티지 그릇을 사고 싶은데 어떤 게 좋아?" 라는 질문을 받으면 주로 컵을 추천합니다. 이제는 깨져서 얼마 남지 않았지만 소장 가치가 있고 책상 위에 하나쯤 올려두면 세상에 몇 개 남지 않은 것을 사용하는 기분이에요. 각각 다른 매력이 있는 머그컵에 코코아를 마시면 2배는 맛있는 것 같아요. 친구들이 스튜디오에 놀러오면 좋아하는 머그컵을 고르라고 하고 코코아를 탄 뒤 마시멜로를 올려줍니다. 코코아는 너무 달지 않게, 우유맛이 느껴지는 단맛 정도가 좋아요. 소소한 코코아 한잔으로 모두 행복해져요. 여름에는 라테에 연유를 넣고 빈티지 유리컵에 담아 마시죠.

사진의 컵은 지금도 유명한 브랜드의 머그컵이에요. 맥도날드 컵은 1970년 대 컵이지만 여전히 귀엽죠. 어떤가요, 빈티지한 머그컵을 수집해 보고 싶지 않나요?

밀크글라스

식기류 중 가장 많이 사용하는 것 중 하나가 밀크글라스입니다. 무겁지만 질리지 않고 무엇보다 튼튼하거든요. 오븐에 넣을 수도 있어서 빈티지 캐서롤도 즐겨 사용합니다. 이제는 주방의 골동품이 되었고 가격이 높아져서 믹싱볼 세트 하나를 구입하기가 조심스럽기도 해요.

타원형 그릇은 어떤 음식을 담아도 자연스러워요. 그래서 무척 자주 사용하는 그릇입니다. 특히 떡볶이를 담으면 더 예쁘고 추억이 새록새록 떠올라요.

제 부모님 세대 때는 혼수로 코렐 제품을 샀다고 해요. 저희 집에도 아직 스프링블라섬 라인의 그릇이 있습니다. 다양한 패턴의 코렐 그릇을 보면 다들 어디에선가 본 듯 익숙할 거예요.

추억 속에 자리 잡은 그릇을 마주할 때면 시간 여행을 하는 기분입니다. 깨지지 않고 내 주방에 있다니! 누군가가 아껴 썼기 때문이겠죠? 제가 아껴 쓴 이 그릇들의 미래도 궁금해집니다.

끓이는 것과 담는 것

요리를 만들 때 어디에 끓이고 어디에 담을지 미리 생각하는 건 내일 뭘 입고 나갈까와 비슷합니다. 빈티지에는 빈티지만의 오묘한 색이 있어요. 냄비도 그렇고 접시도 그렇고 빈티지임을 또렷이 드러내는 색감과 개성이 있습니다.

요리를 담을 때는 견고한 냄비와 팬도 좋지만 관리가 잘된 에나멜 냄비와 팬을 사용해요. 여전히 제 성능을 지키는 것들이 몇 개 있습니다. 라면도 스테인리스 냄비보다 얇은 에나멜 냄비에 끓여 먹는 것을 좋아합니다. 열 전도율이 빨라 물도 빨리 끓고 라면의 참맛을 느낄 수 있죠.

접시는 테두리에 선이 들어간 디자인을 좋아합니다. 무늬가 너무 화려한 것보다 테두리 색상이 다양한 접시를 섞어서 쓰면 더 포인트가 되죠. 두꺼운 레스토랑 접시는 좀 더 현지의 빈티지 분위기가 나고 샌드위치나 팬케이크를 올려 먹으면 미국에서 즐겨 갔던 24시 팬케이크 하우스가 떠올라요.

그릇을 사용할 때는 뒷면이 잘 보이지 않지만 설거지를 마치고 식기건조대에 쌓인 뒷모습을 좋아합니다. 그릇은 세트보다는 단품으로 구입하고, 여러 가지 다른 그릇들끼리 활용하는 것을 추구하는 편입니다. 다양한 디자인이 모여 사용할 때마다 새로운 느낌이 들어서 플레이팅하는 재미가 있습니다.

빈티지 실버웨어

빈티지 실버웨어를 보면 어떤 생각이 드세요? 저는 품위 있게 나이 든 할머니를 보는것 같아요. 마치 백발의 품위 있는 할머니의 고상함이 그대로 담겨 있는 것 같다고 할까요?
실버웨어는 사용하지 않으면 점점 색이 변해서 손이 많이 가요. 하지만 색이 바랜 모습도 참 멋지죠. 깨끗하게 목욕을 시켜 주면 저까지 시원한 기분이 들기도 합니다.
실버웨어를 세척하는 건 생각보다 어렵지 않습니다. 요즘에는 실버웨어 전용 티슈도 판매하고 있으니 손쉽게 세척할 수 있어요. 베이킹소다와 은박지, 세라믹 볼, 물을 준비하고 볼 안에 은박지를 넓게 두세 겹으로 편 뒤 세척하고 싶은 실버웨어를 올린 다음 어느 정도 잠길 만큼 베이킹소다를 뿌립니다. 거기에 끓는 물을 붓고 보글보글 기포가 나면 은박지를 덮어 10분 정도 둡니다. 때를 벗기고 깨끗하게 세척하면 영롱한 색깔을 되찾을 수 있어요.
특별한 날에는 케이크 스탠드에 케이크를 올리고 은색 케이크용 서빙 스푼을 사용합니다. 거기에 패턴이 화려한 접시를 사용하면 훨씬 특별한 분위기를 낼 수 있죠.

체크무늬 패브릭

빈티지 분위기를 내는 패브릭을 찾는다면 단연 체크무늬를 추천합니다. 세상에는 정말 다양한 체크무늬가 있고 오랜 시간 꾸준히 사랑받고 있죠.
체크무늬가 들어간 식탁보는 어느 나라에나 있어요. 인터넷에서도 쉽게 발견할 수 있죠. 특히 빨간색 체크무늬는 사계절 내내 예쁘게 사용할 수 있습니다. 뜨거운 것을 잡을 때나 식탁보처럼 깔아서 쓰거나 야외에서 사용하거나 다양하게 활용할 수 있어요. 약간 촌스러운 듯한 느낌으로 빈티지한 분위기를 내죠.
리넨도 좋지만 면을 더 즐겨 씁니다. 주방에서 면을 사용하다 보면 오염이 되기 쉬운데, 그때그때 손빨래를 해서 말리면 금방 말라서 참 편해요. 주방 패브릭에 와인이나 고추장이 물들면 그것대로 사용감이 느껴져 얼룩이 남은채로 씁니다. 열심히 요리를 한 증거라고 생각하면서요.
예쁜 패브릭이 있다면 와인병에 묶어서 테이블을 연출하거나 와인을 선물할 때 포장지로 활용해도 좋아요.

오래된 키친툴

키친툴을 고를 때는 손잡이를 신경 씁니다. 나무 손잡이인지 얼마나 낡았는지, 어떤 색인지 등을요. 키친툴은 실제로 사용하기도 하지만 주로 촬영할 때 활용하거나 소품으로 둡니다. 음식 사진 찍는 것을 좋아하는 저는 빈티지 키친툴을 활용하기도 하는데 사진에 담았을 때 제품이 주는 느낌과 낡은 빈티지가 주는 느낌이 다르기 때문입니다.

수집한 빈티지 키친툴 중에는 한국에선 대중적으로 사용하지 않는 것들도 많아서 식문화의 차이를 확연히 느낍니다. 미국에서 구입한 빈티지 키친툴 중에는 바비큐용 포크가 많아요. 워낙에 바비큐 문화가 자연스럽기 때문인가봐요. 저도 통삼겹을 사서 오랜 시간 공을 들여 구울 때 바비큐 포크를 활용하곤 합니다.

PREMIUM
PREMIUM
SALTINE CRACKERS
FLOUR
SUGAR
Chocolate Tea
Lipton
SunTea
HONEY
Miracle Whip
FINEST DUTCH CHEESE
NOORD-HOLLAND

Menu & Dishes

Try This at Home

Green Gate

PREMIUM
FRENCH SODA
1895

Betty Crocker's PICTURE COOK BOOK

PRUNE
gabrielle hamilton
gabrielle hamilton

Story & Recipes 1

For Home Cooking

밥도둑 반찬

반찬은 하나의 메인 요리라기보다는 사이드 메뉴라고 생각하는 경우가 많지만 어떤 반찬은 메인 요리보다 수고가 많이 들기도 합니다. 한끼에 다 먹는 반찬도 있지만 냉장고에 두고 알차게 먹는 반찬도 있죠.

저는 반찬을 떠올리면 보온 도시락과 점심시간이 생각나요. 그 안에 가득 담긴 오징어채무침과 어묵볶음도 함께요. 재래시장에서 생선살로 반죽한 신선한 어묵은 그냥 먹어도 참 맛있죠. 오징어채무침은 너무 좋아해서 입이 심심할 때마다 냉장고에서 꺼내 먹곤 했어요.

이 파트에서 소개하는 반찬은 제가 좋아하는, 추억이 담긴 메뉴입니다. 평소 만들던 방식에서 조금 색다르게 바꾼 레시피도 있고 기본 그대로 담은 레시피도 있습니다. 취향에 따라 재료를 바꿔도 좋고 레시피를 변형해도 좋아요. 바로 만든 따뜻한 반찬은 그 자체로도 맛있으니까요.

치즈달걀말이

치즈와 달걀을 넣은 달걀말이는 누구나 좋아하는 메뉴죠. 냉장고 속 자투리 채소를 활용하기도 좋고 취향에 따라 재료를 바꾸거나 더할 수 있는 메뉴예요. 촉촉함이 더해지도록 우유나 생크림을 넣기도 하지만 마요네즈를 넣어도 좋아요. 불을 약하게 유지하고 인내심을 가지고 한 바퀴, 두 바퀴 돌리다 보면 눈사람을 만들 때 돌돌 굴리듯 점점 커져요.

(사진 p.26)

재료(2인)

달걀 5개
햄 50g
모차렐라 슬라이스 3장
당근 50g
양파 30g
쪽파 2대
청양고추 2개
마요네즈 1큰술
맛술 1큰술
식용유 적당량
소금 약간

만드는 법

1 햄, 당근, 양파, 쪽파, 청양고추는 0.3cm 크기로 작게 다진다.

2 달걀을 잘 풀고 마요네즈, 맛술, 소금을 넣은 뒤 섞는다.

3 **1**을 **2**에 넣고 잘 섞는다.

4 팬에 식용유를 두르고 달군 뒤 중불로 줄이고 **3**을 반 정도 붓는다.

5 바닥이 반쯤 익으면 모차렐라를 올리고 돌돌 만다.

6 **3**의 나머지 분량을 붓고 속이 다 익도록 모든 면을 돌려가며 약불에서 달걀을 만다. 식용유가 부족하면 조금씩 더 두른다.

7 달걀말이가 단단해지면 3분 정도 두었다가 먹기 좋게 자른다.

MOZZARELLA

돼지고기김치찜

한국인에게 김치는 빼놓을 수 없는 메뉴입니다. 언젠가부터 김치찜은 김치찌개만큼 인기 메뉴가 되었죠. 이름은 거창하지만 알고 보면 쉽고 간단합니다. 돼지고기가 잘 어우러진 김치를 밥 위에 먹음직스럽게 올리면 보기만 해도 배가 고파져요. 김치는 집집마다 맛이 다르기 때문에 우리 집 김치 맛을 알고 있어야 맛있는 김치찜을 만들 수 있습니다. 간을 잘 맞춰 맛있는 김치찜을 만들어 보세요.

*화력과 냄비에 따라 조리 시간이 달라지니 잘 지켜보세요.

(사진 p.27)

재료(2인)

김치 500g(1/2포기)
돼지고기(목살) 400g
양파 100g
대파 1대
다시마국물 1 1/2컵(p.168 참고)
김칫국물 1 1/4컵
식용유 2큰술
마늘 다진 것 1큰술
국간장 1큰술
참치액 1큰술
맛술(또는 청주) 1큰술
생강가루 1/4작은술

*김치의 신맛에 따라 올리고당을 1/2~1큰술 정도 추가한다.

만드는 법

1 돼지고기는 사방 4cm 크기로 도톰하게 썰어 맛술에 버무린다.
2 양파는 슬라이스하고 대파는 4cm 크기로 자른 뒤 길게 반으로 자른다.
3 김칫국물, 마늘, 국간장, 참치액, 생강가루를 다시마국물에 넣고 골고루 섞는다.
4 냄비에 식용유를 두르고 김치와 양파, 대파, 돼지고기를 담는다.
5 3의 양념을 골고루 붓는다.
6 5를 강불에서 끓이다가 한소끔 끓어오르면 중불로 낮추고 김치와 돼지고기가 촉촉하게 익을 때까지 40분 정도 뭉근하게 끓인다.

두부조림

두부만 있으면 국물을 자작하게 넣어 든든하고 건강한 두부조림을 만들 수 있어요. 널찍한 그릇에 밥을 담고 두부와 국물을 얹어 으깨 먹으면 다른 반찬 없이도 한끼가 거뜬하죠. 전골 냄비를 활용하면 더 먹음직스러워요. 부침용 두부를 사용하면 좀 더 단단하고 찌개용 두부를 사용하면 더 부드러워요.

(사진 p.28)

재료(2인)

두부 500g
양파 100g
대파 1대
표고버섯 불린 것 2개
다시마국물 1¼컵(p.168 참고)
들기름 4큰술

양념

고춧가루 3큰술
국간장 2큰술
진간장 2큰술
올리고당 2큰술
멸치액젓 1½큰술(또는 참치액젓)
마늘 다진 것 1큰술
생강가루 ½작은술
후춧가루 약간

만드는 법

1 두부는 먹기 좋게 2.5cm 두께로 썬다.
2 양파와 표고버섯은 슬라이스하고 대파는 어슷하게 썬다.
3 냄비에 들기름을 두르고 양파와 대파를 깐다.
4 두부를 가지런히 올리고 표고버섯을 넣는다.
5 분량의 재료를 골고루 섞어 양념을 만들고 **4**에 부은 뒤 다시마 국물을 넣고 뚜껑을 닫은 다음 강불에서 끓인다.
6 한소끔 끓어오르면 중불로 줄이고 자작하게 조린다. 매운맛을 좋아한다면 고춧가루를 1큰술 추가하고 고소하게 먹고 싶다면 들기름을 1큰술 더한다.

총각김치된장지짐

남은 총각김치가 있다면 된장을 넣어 맛있는 반찬으로 만들어보세요. 할머니가 자주 해주셨던 반찬으로 새콤하면서 감칠맛이 있어요. 어렸을 때는 김치를 좋아하지 않았는데 된장을 넣어 지진 김치는 좋아했어요. 여전히 좋아하는 반찬 중 하나입니다. 된장에 따라 맛이 달라지니, 우리 집 된장 맛에 맞춰 된장의 양을 조절해 주세요.

(사진 p.29)

재료(2인)

총각김치 500g
물 2½컵
된장 3큰술
들기름 3~4큰술
올리고당 1~1½큰술
마늘 다진 것 ½큰술
멸치 말린 것 8마리
홍합 말린 것 8~10개

만드는 법

1. 멸치는 내장을 제거하고 오븐에 구워서 수분을 날린 뒤 다시팩에 넣는다. 홍합은 오븐에 살짝 구워 비린 맛을 제거하고 다시팩에 넣는다.
2. 총각김치를 씻고 물기를 짠 뒤 냄비에 넣는다.
3. 물을 붓는다.
4. 1의 멸치팩과 홍합팩을 넣고 끓인다.
5. 한소끔 끓어오르면 10분 뒤에 멸치팩과 홍합팩을 꺼낸다.
6. 마늘, 된장을 넣고 중불에서 20분 정도 끓인다.
7. 총각김치가 어느 정도 익으면 올리고당을 넣고 말캉하게 익힌다.
8. 들기름을 넣고 골고루 섞는다.

무조림

생선조림에 넣는 무는 그 자체로도 맛있어서 생선을 넣지 않아도 맛있는 반찬이 됩니다. 간단한 반찬이 필요할 때는 무를 도톰하게 잘라 양념을 넣고 말캉하게 조려 먹어요. 매운맛과 단맛은 취향에 맞게 조절하고 멸치 몇 마리를 넣으면 멸치국물의 맛까지 더해집니다. 무가 너무 두꺼우면 잘 익지 않으니 적당한 두께로 잘라주세요. 무가 얇을수록 더 빨리 익습니다.

(사진 p.30)

재료(2인)
무 500g
대파 1대
다시마국물 3컵(p.168 참고)
양념
마늘 다진 것 1큰술
진간장 3큰술
올리고당 2½큰술
고춧가루 2큰술
멸치액젓 1큰술

만드는 법

1 무는 2cm 두께로 슬라이스하고 반으로 잘라 반달 모양을 만든 뒤 모서리를 둥글게 다듬는다.
2 대파는 송송 썬다.
3 무와 다시마국물을 냄비에 넣고 강불에서 무를 50~60% 정도 익힌다.
4 분량의 재료를 골고루 섞어 양념을 만들고 **3**에 넣은 뒤 중약불에서 20분 정도 익힌다.
5 대파를 넣고 12분 정도 더 익힌다.

소시지채소볶음

대학 시절, 친구들과 술집에 가면 어렸을 때의 입맛을 버리지 못해 꼭 시켰던 추억의 메뉴 중 하나죠. 비엔나소시지에 칼집을 넣고 케첩과 A1소스를 섞어 볶으면 케첩의 가벼운 맛에 좀 더 묵직한 맛이 더해집니다. 반찬으로도 좋고 안주로도 간단하고 맛있어요.

(사진 p.31)

재료(2인)

소시지 200g
양파 50g
당근 40g
청파프리카 ½개
적파프리카 ½개
식용유 3큰술
마늘 다진 것 1큰술

양념

케첩 5큰술
올리고당 2큰술
고추장 1큰술
맛술 1큰술
A1소스 1큰술

만드는 법

1 소시지에 칼집을 넣는다.
2 양파와 파프리카는 2.5cm 크기로 썬다.
3 당근은 0.3cm 두께로 슬라이스하고 파프리카와 비슷한 크기로 썬다.
4 팬에 식용유를 두르고 마늘을 볶는다.
5 마늘 향이 올라오면 소시지를 넣고 칼집이 살짝 벌어질 때까지 볶는다.
6 양파를 넣고 중불에서 30초 정도 볶은 뒤 파프리카, 당근을 넣고 코팅이 될 정도로 살짝 볶는다.
7 분량의 재료를 골고루 섞어 양념을 만들고 **6**에 넣은 뒤 파프리카의 숨이 많이 죽지 않을 때까지 볶는다.

고추참치볶음

학창 시절, 점심시간에 옹기종기 모여 도시락을 먹다가 친구가 싸온 청양고추참치볶음을 처음 먹어 보았습니다. 유독 참치를 좋아해서 그 칼칼한 참치볶음을 참 좋아했어요. 지금도 가끔 만들곤 하는데, 통조림을 이용해 간단하게 만들 수 있어 더 편하죠. 밥에 올려서 비벼 먹기 좋은 반찬입니다. 후추를 좋아한다면 추가해도 좋아요.

(사진 p.32)

재료(2인)
참치 1캔(200g)
양파 50g
대파 1대
청고추 1개
홍고추 1개
식용유 3큰술
마늘 다진 것 1/2큰술
양념
물 2큰술
고추장 1 1/2큰술
올리고당 1큰술
맛술 1큰술
고춧가루 1/2큰술
간장 1/2큰술

만드는 법

1 참치는 기름을 빼고 고추는 송송 썬다.

2 양파는 0.3cm 크기로 다지고 대파는 송송 썬다.

3 팬에 식용유를 두르고 대파를 넣어 파기름을 낸 뒤 마늘을 넣고 향이 올라올 때까지 볶는다.

4 양파와 고추를 넣고 양파가 투명해질 때까지 볶는다. 채소의 식감을 느끼고 싶다면 적당히 볶는다.

5 참치를 넣는다.

6 분량의 재료를 골고루 섞어 양념을 만들고 **5**에 넣어 골고루 볶는다. 매운맛을 좋아한다면 고추 다진 것을 더 넣는다.

참치채소전

팬트리에 참치 통조림을 꼭 구비해 둡니다. 참치로 만들 수 있는 반찬은 정말 무궁무진하죠. 참치 기름을 꼭 짜고 동그랑땡처럼 구우면 아이들도 잘 먹어요. 가끔 도톰하게 부쳐 밥에 올려 먹는데, 파프리카가 없다면 청고추를 넣어도 좋습니다. 반죽이 너무 질지 않도록 달걀과 물로 농도를 맞춥니다. 식용유를 넉넉히 넣어야 노릇노릇하게 잘 구워져요. 간이 약하다면 소금을 조금 더 넣어 주세요.

(사진 p.33)

재료(2인)

참치 1캔(200g)
달걀 1개
황파프리카 25g
양파 20g
청고추 1개
깻잎 3~4장
대파 ¼대
부침가루 1½큰술
물 1½큰술
식용유 적당량
소금 약간
후추 약간

만드는 법

1 참치는 기름을 뺀다.
2 황파프리카와 양파, 청고추는 0.3cm 크기로 다진다.
3 깻잎은 돌돌 말아 채 썰고 대파는 송송 썬다.
4 참치, 황파프리카, 양파, 청고추, 깻잎, 대파를 볼에 넣고 부침가루, 물을 넣는다.
5 달걀을 넣고 골고루 섞은 뒤 소금, 후추로 간한다.
6 팬에 식용유를 두르고 반죽을 동그랑땡 크기로 올린 뒤 앞뒤로 노릇하게 부친다.

Delicious Recipe

Iwatani

어묵숙주볶음

주로 돼지고기를 넣는 숙주볶음에 어묵을 넣었습니다. 저장 반찬이라기보다 한끼 맛있게 먹는 반찬으로, 가벼운 술안주로도 추천하고 싶어요. 숙주가 들어가 반찬만 먹어도 부담 없고 어묵을 가늘게 채 썰어 재료가 더욱 잘 어우러집니다. 숙주는 너무 오래 볶으면 수분이 생기니 아삭함을 잃지 않도록 완성 직전에 볶아 주세요.

(사진 p.34)

재료(2인)

어묵 200g
숙주 200g
양파 100g
대파 1대
청양고추 1개
식용유 4큰술

양념

진간장 2½큰술
올리고당 1½큰술
맛술 1큰술
마늘 다진 것 ½큰술

만드는 법

1 어묵은 0.3~0.4cm 두께로 채 썬다.

2 양파는 슬라이스하고 대파는 5cm 길이로 자른 뒤 4등분하고 청양고추는 어슷하게 썬다.

3 팬을 달구고 식용유를 두른 뒤 중불로 줄이고 대파를 넣어 파기름을 낸 다음 어묵을 넣고 볶는다.

4 분량의 재료를 골고루 섞어 양념을 만들고 **3**에 넣은 뒤 양파를 넣고 투명해질 때까지 볶는다.

5 청양고추, 손질한 숙주를 넣고 아삭함이 사라지지 않도록 강불에서 1분 정도 볶는다.

로메인겉절이

애피타이저처럼 새콤하게 입맛을 돋우는 반찬입니다. 고기를 먹을 때, 상추 대신 로메인으로 겉절이를 만들면 어떨까요? 들깻가루를 넣어 색다른 풍미까지 느낄 수 있어요. 같은 양념에 다른 채소를 활용해도 좋아요.

(사진 p.35)

재료(2인)
로메인 150g
양념(2회)
들기름 2½큰술
양조간장 2½큰술
고춧가루 2큰술
들깻가루 1½큰술
식초 1큰술
설탕 1큰술
마늘 다진 것 ½큰술

만드는 법

1 로메인은 깨끗하게 씻고 4cm 크기로 먹기 좋게 손으로 자른다.

2 분량의 재료를 골고루 섞어 양념을 만들고 로메인에 넣는다.

3 로메인을 양념과 골고루 버무린다.

4 기호에 따라 들기름을 더 넣어도 좋다.

깻잎찜

깻잎 향을 좋아하시나요? 깻잎은 한국인에게 무척 친숙한 채소입니다. 다른 나라에서는 향을 내기 위해 고수나 바질 등을 사용하지만 우리나라는 주로 깻잎을 넣죠. 감자탕이나 제육볶음, 오징어볶음, 떡볶이 등에 넣으면 은은한 향이 퍼져요. 멸치국물을 넣어 깻잎찜을 만들어 보세요. 냉장고에 보관하면 1주일 정도 먹을 수 있는 든든한 반찬이죠. 시판 멸치국물팩을 사용한다면 포장지의 설명을 참고해 주세요.
(사진 p.36)

재료(4인)
깻잎 50장
멸치국물 1¼컵
당근 60g
청고추 2개
대파 ½대
멸치국물
멸치국물팩 1개(p.124 참고)
물 3컵
양념
마늘 다진 것 ½큰술
된장 3큰술
물 3큰술
간장 1½큰술
올리고당 1큰술
고춧가루 1큰술

멸치국물 만들기

멸치국물팩과 물을 냄비에 넣고 10분 정도 끓인다. 멸치국물팩이 없다면 5×5cm 다시마 1장과 내장 제거한 멸치 말린 것 7~8마리, 물을 냄비에 넣고 10~15분 정도 끓인다. 국물이 끓기 시작하면 다시마를 건진다.

만드는 법

1 깻잎은 깨끗하게 씻고 줄기를 자른다.
2 당근은 채 썬다.
3 청고추와 대파는 송송 썬다.
4 분량의 양념을 골고루 섞고 당근과 청고추, 대파를 넣어 섞는다.
5 깻잎 1장에 **4**의 양념을 바르고 남은 깻잎도 반복하며 냄비에 쌓는다.
6 멸치국물을 붓고 강불에서 끓이다가 한소끔 끓어오르면 약불로 줄인다.
7 깻잎의 숨이 적당히 죽을 때까지 끓인다.

18.09－J0541928
PS
JIA

18.09－J0541928
MK-36 株式会社
PS
LPG
JIA

오징어채볶음

어릴 때 오징어채를 무척 좋아해서 밥도 없이 오징어채만 자꾸 먹어 버려서 혼이 났던 기억이 있어요. 어떤 반찬을 좋아하냐고 물어본다면 가장 먼저 대답하는 반찬입니다. 오징어채를 물에 씻어서 들기름과 마요네즈에 버무리면 은은하게 향이 배고 코팅이 돼요. 넉넉하게 만들어 냉장고에 보관하면 무척 든든합니다.

(사진 p.38)

재료(4인)

오징어채 250g
마요네즈 3큰술
들기름 1½큰술

양념

물 2큰술
고추장 2큰술
진간장 2큰술
맛술 2큰술
올리고당 1큰술
마늘 다진 것 ½큰술

만드는 법

1 오징어채를 씻어서 체에 담고 물기를 뺀 뒤 볼에 담고 마요네즈와 들기름을 넣는다.
2 마요네즈와 들기름이 뭉치지 않도록 골고루 버무린다.
3 분량의 재료를 골고루 섞어 양념을 만들고 팬에 넣어 끓인다.
4 양념이 끓기 시작하면 오징어채를 넣고 골고루 섞으면서 3분 정도 볶는다.

장조림

돼지고기로 만든 장조림도 좋아하지만 소고기로 만든 장조림도 참 좋아합니다. 장조림에 가장 많이 사용하는 홍두깨살을 이용한 장조림을 소개합니다. 간장 양념은 짜지 않아 간장달걀밥을 만들 때 활용해도 좋아요. 바로 먹는 것보다 한 김 식히고 먹으면 간이 들어 더 맛있습니다. 시간과 정성이 들어가는 만큼 넉넉히 만드는 반찬이에요.

(사진 p.40)

재료(4인)

소고기(홍두깨살) 500g
꽈리고추 15~20개
마늘 30쪽
통후추 20알
대파 흰 부분 2대
다시마 5×5cm 2장
표고버섯 말린 것 2개
월계수잎 2장
물 7컵
진간장 1컵
올리고당 1/2컵
청주(또는 맛술) 3큰술

만드는 법

1 소고기는 30분 정도 물에 담가 핏물을 뺀다.
2 소고기, 통후추, 대파, 다시마, 표고버섯, 월계수잎, 물, 청주를 냄비에 넣고 30분 정도 끓인다.
3 소고기를 건져 한 김 식히고 국물은 체에 거른다.
4 소고기를 결대로 잘게 찢는다.
5 3의 국물 5컵 정도에 진간장, 올리고당을 넣고 강불에서 끓인다.
***체에 거른 국물이 모자라면 물을 더 넣어 양을 맞춘다.**
6 소고기를 넣은 뒤 국물이 끓어오르고 소고기에 간장 색이 배면 마늘을 넣고 15분 정도 더 끓인다.
7 마늘이 익을 때쯤 꽈리고추를 넣고 뚜껑을 닫은 뒤 불을 끄고 남은 열로 익힌다.

32oz
28
24
20
16
8
4 CUPS
3 CUPS
2 CUPS

감자조림

감자조림은 무조림처럼 필수 조림 반찬입니다. 저는 두 가지 모두 좋아해서 생선조림을 만들 때 감자와 무를 모두 넣습니다. 흰밥에 폭신하게 익은 매콤한 감자조림을 살짝 으깨어 먹으면 담백한 맛이 입맛을 돋우죠. 감자를 젓가락으로 찔렀을 때 잘 들어가면 맛있게 익은 것입니다.

(사진 p.41)

재료(4인)

감자 500g
양파 200g
물 1컵

양념

마늘 다진 것 1큰술
진간장 4½큰술
고춧가루 2큰술
올리고당 2큰술
참치액 1큰술
참기름 1큰술

만드는 법

1 감자는 6등분한다.
2 양파도 감자와 비슷한 크기로 자른다.
3 감자를 냄비에 넣는다.
4 물을 붓고 강불에서 3분 정도 익힌다.
5 분량의 재료를 골고루 섞어 양념을 만들고 **4**에 넣은 뒤 중불에서 익힌다.
6 감자가 85% 정도 익으면 양파를 넣고 뚜껑을 닫은 뒤 약불에서 10분 정도 조린다.

Story & Recipes 2

For Home Cooking

따뜻한 한끼

따뜻한 음식은 마음을 안정시키죠. 가끔은 우울한 마음까지 달래주기도 하고 행복한 기분을 나눌 수도 있어요. 김이 모락모락 나는 요리를 보고 있으면 그 온기가 전해지는 듯합니다. 그중에도 솥밥을 좋아해요. 제철 재료를 맛볼 수 있고 다른 반찬이 없어도 허기진 배를 풍족하게 채우죠. 덮밥도 한 그릇으로 깔끔하고 든든하게 먹을 수 있어요. 어렸을 때는 갓 지은 콩나물밥에 맛있는 간장양념장을 올려 먹으면 그것만으로도 너무나 행복한 한끼였어요. 그 요리가 지금 만드는 덮밥과 솥밥의 기본이 되었습니다.

돼지고기김치솥밥

김치볶음밥과는 다른 매력이 있는 김치솥밥은 풍미가 좋은 버터를 녹여서 비벼 먹으면 더 맛있어요. 버터와 김치는 문화적으로는 참 다른 재료지만 무척 잘 어울리죠. 버터와 빵이 아닌, 버터와 김치의 새로운 조합에 도전해 보세요. 김치에 있는 김칫국물을 꼭 짜고 고춧가루는 털어냅니다. 김치 자체에 수분이 있으니 물을 줄여서 밥을 하세요.

(사진 p.42)

재료(2인)

쌀 불린 것 2컵
돼지고기(카레용 등심) 150g
김치 250g
다시마국물 2컵(p.168 참고)
참기름 2½큰술

돼지고기 양념

진간장 1큰술
맛술 ½큰술
마늘 다진 것 ½큰술
생강가루 ¼작은술
후추 약간

만드는 법

1 쌀은 5번 정도 찬물에 씻고 수분이 흡수되도록 20분 정도 체에 밭친다.
2 분량의 재료를 골고루 섞어 돼지고기 양념을 만들고 잘게 썬 돼지고기와 잘 섞는다.
3 김치는 김칫국물을 꼭 짜고 먹기 좋게 송송 썬다.
4 냄비에 참기름을 두르고 돼지고기를 넣어 볶는다.
5 익기 시작하면 김치를 넣어 3분 정도 볶는다.
6 쌀을 넣고 3분 정도 볶는다.
7 다시마국물을 붓고 강불에서 3분 정도 끓인 뒤 중약불에서 10분 정도 끓인다.
8 불을 끄고 10분 정도 뜸을 들인다.

32oz
28
24
20
16
12
8
4
4 CUPS
3 CUPS
2 CUPS
1 CUP

Iwatani

버섯무솥밥

다채로운 버섯의 향과 식감이 무의 청량함과 잘 어울리는 솥밥입니다. 솥밥 한 그릇과 맛있는 간장양념장만 있으면 한끼가 든든합니다. 밥을 너무 많이 먹는 것이 걱정돼 다른 재료를 넉넉히 넣었어요. 버섯은 다른 종류를 사용해도 됩니다. 솥밥은 쌀을 5번 정도 씻어 전분기를 제거한 뒤 체에 밭쳐 20~30분 정도 두면 쌀 표면에 있던 수분이 흡수돼 더 맛있습니다.

(사진 p.43)

재료(2인)

쌀 불린 것 1½컵
무 150g
표고버섯 3개
만가닥버섯 40g
팽이버섯 40g
쪽파 3대
다시마국물 1¼컵(p.168 참고)
들기름 1½큰술
국간장 1큰술

간장양념장

청고추 1개
간장 3½큰술
올리고당 1½큰술
고춧가루 1큰술
깨 ½큰술
참기름 ½큰술
마늘 다진 것 ½큰술
부추 적당량

간장양념장 만들기

청고추와 부추를 송송 썰고 나머지 분량의 재료를 골고루 섞은 뒤 20~30분 정도 숙성시킨다.

만드는 법

1 쌀은 5번 정도 찬물에 씻고 체에 밭쳐 20분 정도 둔다.
2 표고버섯은 0.4cm 두께로 슬라이스하고 팽이버섯은 뿌리를 제거하고 1.5cm 간격으로 자른다.
3 만가닥버섯은 뿌리를 자르고 먹기 좋은 크기로 찢고 무는 껍질을 벗기고 0.6cm 두께로 채 썬다.
4 솥에 들기름을 바른다.
5 쌀을 넣고 볶다가 국간장을 넣어 같이 볶는다.
6 무를 올리고 버섯을 가지런히 담는다.
7 다시마국물을 넣고 뚜껑을 닫은 뒤 강불에서 3~4분 정도 끓인다.
8 한소끔 끓어오르면 중약불로 줄이고 7~8분 정도 끓인 뒤 불을 끄고 10분 정도 뜸을 들인다.
9 쪽파를 송송 썰어 올리고 간장양념장을 솥밥에 곁들인다.

차돌박이솥밥

차돌박이는 살짝 구워 먹으면 너무 맛있어서 금방 사라져 버리죠. 이 부위는 기름이 넉넉해서 함께 밥을 지으면 풍미가 좋고 윤기가 흐릅니다. 차돌박이를 양념해서 볶을 때는 완전히 다 익히지 말고 핏기가 어느 정도 없어질 정도만 익혀주세요. 차돌박이 육즙이 밴 밥에 쪽파와 양념장을 넣어 비벼 먹으면 든든한 한끼가 됩니다.

(사진 p.44)

재료(2인)

쌀 불린 것 1½컵
소고기(차돌박이) 250g
쪽파 3대
다시마국물 1½컵(p.168 참고)
들기름 1큰술

차돌박이 양념

간장 2큰술
들기름 1큰술
올리고당 ½큰술
마늘 다진 것 ½큰술
후추 약간

만드는 법

1 쌀은 씻어서 물기를 뺀 뒤 체에 밭쳐 20분 정도 둔다.
2 분량의 재료를 골고루 섞어 차돌박이 양념을 만들고 차돌박이를 넣어 골고루 버무린다.
3 차돌박이를 냄비에 넣고 핏기가 없어질 정도로 중강불에서 살짝 볶은 뒤 꺼낸다.
4 같은 냄비에 들기름을 두르고 쌀을 넣어 3분 정도 볶는다.
5 볶은 쌀을 가지런히 정리하고 차돌박이를 올린다.
6 다시마국물을 붓고 뚜껑을 닫는다. 6분 정도 강불에서 끓이고 10분 정도 중약불에서 끓인 다음 불을 끄고 10분 정도 뜸을 들인다.
7 쪽파를 송송 썰어서 올린다.

32oz
28
24
20
16
12
8
4 CUPS
3 CUPS
2 CUPS
1 CUP

마고구마솥밥

달콤한 호박고구마와 끈적끈적하지만 익으면 감자처럼 포슬포슬해지는 마를 넣어 솥밥을 지었습니다. 그리고 여기에 심심하지 않게 차조를 넣었습니다. 차조는 알갱이가 작아 불리지 않아도 됩니다. 끈적거려서 마를 좋아하지 않는다면 익혀서 드셔 보세요. 의외의 담백함을 느낄 수 있어요. 이 레시피는 고구마와 마를 넣었지만 마만 넣어도 좋고 미역이나 다른 재료를 더해도 건강에 참 좋아요.

(사진 p.45)

재료(2인)
쌀 불린 것 1½컵
차조 ½컵
마 150g
고구마 150g
다시마국물 1¼컵
들기름 1½큰술
국간장 1큰술

다시마국물(4회)
다시마 5×5cm 1장
물 5컵

다시마국물 만들기

키친타월로 다시마 위의 흰 가루를 털고 물에 다시마를 넣은 뒤 2~3시간 정도 냉장 보관한다. 또는 다시마, 물을 냄비에 넣고 10분 정도 끓인다.

만드는 법

1 쌀은 5번 정도 찬물에 씻고 수분이 흡수되도록 20분 정도 체에 밭친다. 차조는 물에 씻어 체에 밭친다.
2 마는 껍질을 벗기고 2.5cm 두께로 자른다.
3 고구마는 껍질째 깨끗하게 닦고 마와 같은 크기로 어슷하게 자른다.
4 솥에 들기름을 두르고 불린 쌀과 차조를 넣은 뒤 국간장을 넣고 볶는다.
5 마와 고구마를 넣고 골고루 섞은 뒤 다시마국물을 넣는다.
6 뚜껑을 닫고 3분 정도 강불에서 끓인 뒤 10분 정도 중약불에서 끓인다.
7 불을 끄고 10분 정도 뜸을 들인다.

톳새우솥밥

바다의 맛을 한층 끌어올리는 새우와 톳을 넣어 솥밥을 만들었습니다. 톳에는 염분이 있어서 물에 담가 소금기를 뺀 뒤 사용해야 합니다. 먹기 좋게 잘라 밥을 지어 보세요. 옛날에 보릿고개를 지날 때는 밥에 톳을 넣어 먹었다고 해요. 식이섬유가 풍부하고 시금치의 3~4배나 되는 철분이 있어서 영양분이 가득하기 때문이죠. 현미는 4시간 정도 불려야 더 맛있습니다.

(사진 p.46)

재료(2인)

쌀 불린 것 $1\frac{1}{2}$컵
현미 불린 것 $\frac{1}{2}$컵
톳 100g
새우 10마리
다시마국물 2컵(p.168 참고)
참기름 2큰술

양념

진간장 $1\frac{1}{2}$큰술
참기름 1큰술
마늘 다진 것 $\frac{1}{2}$큰술

만드는 법

1 쌀과 현미는 씻어서 체에 밭친다.
2 톳을 씻고 10분 정도 물에 담가 소금기를 뺀 뒤 먹기 좋게 2~3cm 간격으로 자른다.
3 새우는 껍질을 손질하고 1cm 간격으로 자른다.
4 솥에 참기름을 두르고 쌀과 현미를 넣어 1분 정도 볶는다.
5 분량의 재료를 골고루 섞어 양념을 만들고 **4**에 넣은 뒤 2분 정도 볶는다.
6 쌀을 잘 정리하고 톳과 새우를 가지런히 올린다.
7 다시마국물을 붓고 3분 정도 강불에서 끓이다가 한소끔 끓어오르면 10분 정도 중약불에서 끓인다.
8 불을 끄고 10분 정도 뜸을 들인다.

32oz
4 CUPS
28
24
3 CUPS
20
8
1 CUP
4

곤드레솥밥

곤드레는 참 친숙한 나물입니다. 제철의 싱싱한 나물도 좋지만 말린 나물에서 느낄 수 있는 진한 향기는 또 다른 매력이 있습니다. 특유의 식감도 있죠. 들기름이나 참기름을 짜는 날이면 마른 나물로 요리를 합니다. 곤드레를 물에 불리고 삶아 두면 요리가 더 간단하고, 굵은 줄기를 제거하면 먹기 편해요. 나물을 넣고 조물조물 양념을 해서 밥을 지으면 밥만 먹어도 간이 된 향긋한 곤드레밥을 먹을 수 있어요. 여기에 귀리를 넣어 탱글탱글한 식감을 더했습니다.

(사진 p.47)

재료(2인)
쌀 불린 것 1½컵
귀리 불린 것 ½컵
곤드레 말린 것 25g
다시마국물 2컵
들기름 1½큰술
곤드레 양념
국간장 2큰술
참기름 1½큰술
마늘 다진 것 ½큰술
대파 다진 것 ½큰술

미리 준비하기

1 곤드레를 물에 넣어 6시간 이상 불린다.

2 귀리는 40분~1시간 정도 불린 뒤 체에 밭치고 쌀은 5번 정도 찬물에 씻은 뒤 수분이 흡수되도록 20분 정도 체에 밭친다.

만드는 법

1 곤드레를 30분 정도 삶고 꼭 짠 뒤 4cm 길이로 먹기 좋게 자른다.

2 분량의 재료를 골고루 섞어 곤드레 양념을 만들고 곤드레를 넣어 조물조물 무친다.

3 솥에 들기름을 두르고 **2**를 넣어 2분 정도 볶는다.

4 귀리와 쌀을 넣고 중불에서 2~3분 정도 볶는다.

5 다시마국물을 넣고 3분 정도 강불에서 끓이다가 10분 정도 중약불에서 끓인다.

6 불을 끄고 10분 정도 뜸을 들인다.

장칼국수

시장에 가면 보는 것만으로 군침이 넘어가는 메뉴 중 하나가 장칼국수입니다. 빨갛고 걸쭉한 국물은 당장 한 그릇을 비우고 싶을 정도로 먹음직스럽죠. 거창한 재료 없이 멸치국물, 고추장, 된장을 이용해 한끼를 채우는 추억의 메뉴입니다. 이 레시피는 멸치국물을 냈지만 사골국물로 만들어도 맛있습니다.

(사진 p.48)

재료(2인)

칼국수 300g
감자 150g
표고버섯 2~3개
대파 1/3대
멸치국물팩 2개(p.124 참고)
물 6컵

양념

고추장 2큰술
된장 1 1/2큰술
고춧가루 1큰술
마늘 다진 것 1큰술
국간장 1/2큰술
참치액 1/2큰술

만드는 법

1 물, 멸치국물팩을 냄비에 넣고 10분 정도 끓인 뒤 멸치국물팩을 건진다.
2 감자는 0.8cm 두께로 슬라이스하고 반으로 썬다.
3 표고버섯은 0.5cm 두께로 슬라이스하고 대파는 어슷하게 썬다.
4 분량의 재료를 골고루 섞어 양념을 만들고 **1**에 넣는다.
5 감자를 **4**에 넣고 한소끔 끓인다.
6 칼국수는 밀가루를 털고 넣은 뒤 면이 붙지 않도록 저으면서 끓인다.
7 한소끔 끓어오르면 표고버섯을 넣고 칼국수가 익을 때까지 5분 정도 끓인다.
8 대파를 넣고 불을 끈다. 김가루를 곁들여도 좋다.

Iwatani

Iwatani

Iwatani

마파두부덮밥

마파두부는 저에게 외식 메뉴가 아니라 집밥 메뉴입니다. 넉넉히 만들어서 밥 위에 올려 먹으면 무척 특별하죠. 한식이 아니어서 어렵지 않을까 걱정되지만 막상 만들고 보면 생각보다는 쉬운 요리예요. 돼지고기를 넣었지만 소고기를 넣어도 맛있어요. 고추기름으로 볶아야 더 맛있고 두부에도 간이 잘 뱁니다.

(사진 p.50)

재료(2인)

현미밥 300g
두부 300g
돼지고기(앞다리살이나 뒷다리살) 다진 것 200g
청고추 1개
홍고추 1개
대파 흰 부분 40g
물 1⅔컵
고추기름 4큰술
청주 3큰술
전분물 2큰술(물 2큰술+전분 1½큰술)
마늘 다진 것 1큰술
참기름 약간

양념

두반장 2큰술
굴소스 2큰술
올리고당 ½큰술

만드는 법

1 두부는 1.5cm 크기로 깍둑썰기한다.
2 고추는 씨를 제거하고 송송 썬다.
3 대파는 송송 썬다.
4 팬을 달구고 고추기름을 두른다.
5 대파를 넣어 볶다가 마늘을 넣어 향을 낸다.
6 돼지고기를 넣어 볶다가 청주를 넣고 알코올을 날린 뒤 고추를 넣고 볶는다.
7 물을 붓는다.
8 분량의 재료를 골고루 섞어 양념을 만들고 **7**에 넣은 뒤 골고루 섞는다.
9 한소끔 끓어오르면 두부를 넣고 보글보글 끓인다.
10 전분과 물을 섞어 전분물을 만들고 농도를 보며 2번에 나눠 **9**에 넣은 뒤 참기름을 살짝 올린다. 현미밥에 곁들인다.

Iwatani

일본식 소고기덮밥

주로 외식으로 즐겼던 소고기덮밥을 간단하게 만들었습니다. 가다랑어포가 없어도 간장으로 맛을 낼 수 있지만 현지의 맛을 내기 위해 가다랑어포로 국물을 만들고 간장 양념을 더했습니다. 소고기는 신선한 샤부샤부용이나 불고기용이 좋고 핏기가 사라지고 촉촉함이 있을 정도로만 익힙니다. 하지만 취향에 따라 더 익혀도 좋아요.

(사진 p.52)

재료(1인)
소고기(설도나 앞다리) 120g
양파 90g
가다랑어포 ½컵
다시마 5×5cm 1장
달걀노른자 1개 분량
물 ⅔컵
대파 약간

양념
진간장 1½큰술
맛술 1큰술
올리고당 1큰술
생강가루 약간

만드는 법

1 양파는 0.5cm 두께로 슬라이스하고 대파는 송송 썬다.
2 소고기는 먹기 좋은 크기로 썬다.
3 다시마, 물을 냄비에 넣고 한소끔 끓어오르면 다시마를 바로 건진 뒤 불을 끈다.
4 가다랑어포를 넣고 3분 정도 둔다.
5 **4**의 국물을 체에 거른다.
6 **5**의 국물을 냄비에 넣고 분량의 재료를 골고루 섞어 양념을 만든 뒤 함께 넣는다.
7 국물이 끓어오르면 양파를 넣고 끓인다.
8 바로 소고기를 넣고 2분 정도 부드럽게 익힌 뒤 밥 위에 담고 대파와 달걀노른자를 올린다.

김치수제비

어릴 때부터 밀가루 음식을 좋아했어요. 칼국수나 짜장면도 좋아했지만 호박이나 김치를 넣은 수제비도 추억의 요리 중 하나입니다. 수제비 반죽을 1시간 정도 냉장고에 보관하면 더 쫄깃쫄깃하고 자기 전에 반죽을 만들어 냉장고에 넣은 뒤 다음 날 꺼내면 탱탱하고 촉촉해서 식감도 더 재밌어요. 조개류는 굵은 소금 1큰술과 함께 볼에 담은 뒤 어두운 색 봉지를 씌우고 1시간 정도 냉장 보관하세요. 깔끔하게 해감이 됩니다.

(사진 p.54)

재료(2인)
바지락 300g
김치 200g
느타리버섯 75g
애호박 50g
양파 50g
대파 1/2대
멸치국물 5컵

반죽
밀가루 2컵
물 3/4컵
식용유 1큰술
소금 1작은술

양념
국간장 2큰술
참치액 1큰술
고춧가루 1큰술
마늘 다진 것 1/2큰술
고추장 1/2큰술

멸치국물
멸치국물팩 2개
물 6 1/4컵

만드는 법

1 바지락을 해감하고 씻어서 물기를 뺀다.
2 분량의 반죽 재료를 볼에 담고 젓가락으로 잘 섞은 뒤 치대어 1시간 정도 냉장 보관한다.
3 애호박은 반달 모양으로 자르고 양파는 슬라이스한다.
4 느타리버섯은 밑동을 제거하고 손으로 먹기 좋게 찢는다.
5 분량의 멸치국물 재료를 냄비에 넣고 끓여서 멸치국물을 만든다.
6 분량의 재료를 골고루 섞어 양념을 만들고 **5**에 넣는다.
7 김치를 넣고 강불에서 끓인다.
8 바지락을 넣고 수제비 반죽을 4x4cm 정도로 얇게 펴서 넣는다.
9 끓기 시작하면 양파, 애호박, 버섯, 송송 썬 대파 순서로 넣고 중강불에서 익을 때까지 끓인다. 고춧가루 1큰술을 더해도 좋다.

대패삼겹살볶음밥

대패삼겹살이 유행하면서 더욱 쉽게 구할 수 있게 되었어요. 보통 삼겹살볶음밥을 만들 때는 김치를 넣어 새콤함을 더해 느끼함을 잡지만 이 레시피는 김치를 넣지 않고 볶음밥을 만들었어요. 대신 후춧가루를 넉넉히 뿌려 느끼함을 잡았죠. 짜장소스를 곁들여도 참 맛있어요. 마지막에 넣는 들기름이나 참기름은 생략해도 괜찮아요.

(사진 p.56)

재료(2인)

밥 300g
대패삼겹살 200g
애호박 50g
양파 30g
팽이버섯 30g
당근 20g
대파 1대
식용유 4큰술
맛술 1$\frac{1}{2}$큰술
참치액 1$\frac{1}{2}$큰술
참기름 1$\frac{1}{2}$큰술
마늘 다진 것 $\frac{1}{2}$큰술
소금 약간
후추 약간

만드는 법

1 대파는 송송 썰고 애호박은 0.5cm 크기로 자른다.
2 당근과 양파, 팽이버섯은 0.5cm 크기로 자른다.
3 팬에 식용유를 두르고 대파를 넣어 파기름을 낸 뒤 마늘을 넣고 향이 올라올 때까지 볶는다.
4 대패삼겹살을 넣고 볶다가 맛술을 두른 뒤 소금과 후추를 넣는다.
5 채소를 모두 넣고 골고루 볶는다.
6 밥과 참치액을 넣고 볶은 뒤 참기름을 두르고 소금으로 간한다.

명란북엇국밥

무엇보다 해장으로 잘 어울리는 메뉴예요. 간단하게 만들 수 있고 한 그릇만으로도 든든하죠. 북어는 건조 식품이라 항상 구비하기 좋은 재료입니다. 이 메뉴는 들기름이 중요해요. 들기름을 넉넉히 두르고 북어를 볶은 뒤 물을 부으면 뽀얀 국물이 완성됩니다. 명란에 염분이 있기 때문에 멸치액젓만 살짝 넣어 간을 하면 깊은 맛이 있습니다. 칼칼한 맛을 좋아한다면 청양고추를 올려도 좋아요.

(사진 p.57)

재료(2인)

무 70g
북어채 손질한 것 30g
명란 2개
대파 1대
물 4½컵
들기름 4큰술
멸치액젓 1~2큰술
마늘 다진 것 ½큰술
청양고추 약간(생략 가능)
고춧가루 약간(생략 가능)

만드는 법

1 무는 채 썰고 대파는 어슷하게 썬다.
2 북어는 물에 불리고 물기를 꼭 짠 뒤 3cm 길이로 자르고 명란은 3cm 크기로 썬다.
3 냄비에 들기름을 두르고 북어를 넣은 뒤 탱탱한 느낌이 살도록 3~4분 정도 중강불에서 볶는다.
4 무, 마늘, 물을 넣고 한소끔 끓인다.
5 멸치액젓을 넣는다.
6 명란을 넣고 익을 때까지 끓인다.
7 대파를 올리고 칼칼하게 먹고 싶다면 고춧가루나 청양고추를 추가한다. 기호에 따라 소금을 넣어도 좋다.

굴김치죽

비가 오는 날이면 김치죽이 생각납니다. 죽은 막상 만들면 어렵지 않지만 괜히 사 먹게 되는 메뉴죠. 보통 새우살을 넣어 죽을 만들지만 굴을 넣어 시원한 맛을 살렸습니다. 굴이 제철일 때는 굴을 넣고 굴을 구하기 어려울 때는 새우를 사용하세요. 비가 내리는 흐린 날에는 따뜻한 굴김치죽 한 그릇이 위로가 됩니다.

(사진 p.58)

재료(2인)

쌀 불린 것 1컵
굴 50g
김치 200g
김칫국물 1/2컵
멸치다시마국물 3 2/3컵
참기름 3큰술
참치액 1큰술

멸치다시마국물 만들기

멸치국물팩(p.124 참고) 1개, 다시마 5×5cm 1장, 물 5컵을 냄비에 넣고 10분 정도 끓인다.

만드는 법

1 쌀을 2번 정도 씻고 30분 정도 물에 불린 뒤 체에 밭친다.
2 굴은 소금물에 씻어 체에 밭친다.
3 김치는 고춧가루를 털고 1.5cm 크기로 송송 썬다.
4 냄비에 참기름을 두르고 김치를 넣어 볶는다.
5 쌀을 넣고 투명해질 때까지 볶는다.
6 멸치다시마국물과 김칫국물을 넣고 강불에서 끓이다가 한소끔 끓어오르면 참치액을 넣는다.
7 중불로 낮추고 골고루 저으면서 80% 정도 쌀을 익힌 뒤 굴을 넣고 쌀이 익을 때까지 끓인다.
8 농도가 되면 물을 더 넣고 취향에 따라 참치액이나 소금으로 간한다.

강된장덮밥

된장찌개가 남으면 자투리 채소를 다져서 넣고 강된장을 끓입니다. 때로는 된장찌개보다 강된장이 더 먹고 싶어요. 이 레시피는 꾸덕꾸덕한 강된장이 아닌, 두부를 으깨 넣어 촉촉하게 밥 위에 올려 먹는 덮밥용 강된장 레시피입니다. 보통 소고기 다진 것은 여러 부위가 혼합되어 있는데 지방 부분이 싫다면 안심을 사용하세요. 소고기가 들어가서 국물을 따로 만들지 않았지만 더 깊은 맛을 원한다면 멸치국물을 추천합니다.

(사진 p.59)

재료(2인)

소고기(혼합육 또는 안심) 다진 것 150g
두부 300g
애호박 50g
양파 50g
새송이버섯 2개
청양고추 1개
대파 흰 부분 1/2대
다시마국물 2 1/2컵(p.168 참고)
마늘 다진 것 1큰술
식용유 2큰술

양념

된장 4 1/2큰술
고추장 1큰술
올리고당 약간

만드는 법

1 두부는 수분을 제거하고 칼등으로 누르면서 으깬다.
2 애호박, 양파, 새송이버섯은 1cm 크기로 깍둑썰기하고 청양고추, 대파는 송송 썬다.
3 냄비에 식용유를 두르고 소고기를 넣어 볶다가 애호박, 양파, 새송이버섯을 넣고 볶는다.
4 다시마국물을 붓는다.
5 분량의 재료를 골고루 섞어 양념을 만들고 마늘과 함께 **4**에 부은 뒤 강불에서 끓인다.
6 한소끔 끓어오르면 두부, 청양고추, 송송 썬 대파를 넣고 중강불에서 뭉근하게 끓인 뒤 밥에 올려 비벼 먹는다.

Story & Recipes 3

For Home Cooking

집에서 외식

미국에서 살 때 맛있게 먹었던 메뉴나 영화에서 보고 만들었던 메뉴를 소개합니다. 어딘가 한국 음식과 닮은 부분이 있어서 더 친근하게 만들어 먹곤 했어요. 식재료를 구하기가 어렵다면 다른 식재료로 대체해도 충분히 맛있어요. 파에야는 카레로 대체하고 타이바질은 일반 바질로 대체합니다. 밖에서 사 먹어야 한다고 생각한 메뉴들이지만 막상 만들면 어렵지 않아요. 파에야를 만들 때면 스페인 친구들이 생각납니다. 보스턴에서 만난 스페인 친구들은 항상 파에야와 스페인식 토르티야를 만들어 주곤 했어요. 어느새 그 음식들은 추억의 음식이 되었습니다.

미국식 오믈렛

달걀말이와 비슷하지만 더 만들기 쉽고 언제든지 즐길 수 있는 든든한 요리입니다. 예전에 살던 집 앞 마트에서는 즉석에서 재료를 골라 오믈렛을 주문할 수 있었는데요, 전 항상 어린 시금치를 골라 넣었어요. 시금치가 숨이 죽으면 단맛이 나 무척 맛있거든요. 일반 시금치는 줄기를 제거하고 어린 시금치는 그대로 사용합니다. 재료가 너무 많이 들어가거나 큰 팬에 요리하면 부서질 수 있으니 주의하세요.

(사진 p.60)

재료(1~2인)

달걀 3개
방울토마토 35g
모차렐라(슈레드) 35g
양송이버섯 30g
양파 25g
시금치 20g
베이컨 2장
버터 1½큰술
생크림 1큰술
올리브유 1큰술
소금 약간
후추 약간

만드는 법

1 시금치는 줄기를 자르고 먹기 좋게 잎 부분만 채 썬다.
2 방울토마토는 8등분하고 양파는 길게 채 썬다.
3 양송이버섯은 슬라이스한다.
4 베이컨은 먹기 좋게 1cm 크기로 자른다.
5 팬에 올리브유를 두르고 양파와 베이컨을 넣어 볶다가 양송이버섯을 함께 볶는다.
6 달걀을 볼에 풀고 생크림을 넣은 뒤 소금, 후추로 간한다.
7 팬을 중강불로 달구고 버터를 녹인 뒤 **6**의 달걀을 붓고 스크램블을 하다가 넓게 편다.
8 **5**의 재료를 올린다.
9 방울토마토와 시금치를 올리고 모차렐라를 뿌린다.
10 오믈렛을 반으로 접고 모차렐라가 녹을 때까지 앞뒤로 굽는다.

Iwatani

새우스캠피파스타

새우스캠피파스타는 정통 이탈리안 파스타라기보다는 뉴저지에서 시작된 미국식 파스타입니다. 얇은 엔젤헤어를 사용해 소면이 익숙한 한국인에게도 거부감 없는 파스타죠. 생크림이 들어가 더욱 부드럽습니다. 새우를 넣어서 레몬을 곁들여도 좋고 취향에 따라 페코리노나 그라나파다노, 파르미지아노 레지아노를 듬뿍 올리면 풍미 깊은 한끼가 완성됩니다.

(사진 p.61)

재료(2인)
새우 12마리
올리브유 4~5큰술
생크림 4큰술
화이트와인 3큰술
마늘 다진 것 2큰술
버터 2큰술
레몬 1조각
소금 약간
후추 약간
페코리노 적당량
파스타 삶기
엔젤헤어 200g
소금 1½큰술
물 10컵

만드는 법

1 물, 소금을 냄비에 넣고 끓으면 엔젤헤어를 넣은 뒤 4~5분 정도 삶는다.

2 팬에 올리브유를 두르고 버터를 녹인 뒤 마늘을 넣어 향이 올라올 때까지 볶는다.

3 손질한 새우를 넣고 소금과 후추로 간한 뒤 타지 않도록 볶다가 화이트와인을 두르고 알코올을 날린다.

4 1의 엔젤헤어를 넣고 면수를 조금씩 넣으면서 볶는다.

5 생크림을 넣고 볶은 뒤 페코리노를 올리고 레몬을 곁들인다.

필리치즈스테이크샌드위치

필리치즈스테이크는 미국 필라델피아의 대표 음식입니다. 긴 빵에 얇게 슬라이스한 소고기와 채소 그리고 프로볼로네 치즈를 넣은 간단한 샌드위치죠. 프로볼로네는 녹았을 때 더 맛있는 치즈입니다. 구하기가 어렵다면 모차렐라로 대신합니다. 샌드위치 빵은 부드러운 핫도그 번보다는 바게트보다 살짝 부드러운 이탈리안브레드나 호기롤을 사용하면 좋아요. 소스 없이 소금, 후추만 넣어도 무척 조화로운 샌드위치입니다.

(사진 p.62)

재료(2인)

소고기(불고기용) 250g
양파 50g
청피망 1개
프로볼로네 2장
버터 30g
마요네즈 4큰술
올리브유 1½큰술
소금 ½작은술
후추 약간
샌드위치용 빵 2개

만드는 법

1 소고기는 먹기 좋은 크기로 썬다.
2 양파와 청피망은 길게 채 썬다.
3 팬에 버터 15g을 녹이고 빵을 반으로 자른 뒤 안쪽을 중불에서 굽는다. 갓 구운 빵이라면 굽지 않고 사용한다.
4 팬에 올리브유와 나머지 버터를 녹이고 소고기를 넣은 뒤 소금과 후추로 간한다.
5 소고기에 핏기가 사라지면 양파와 청피망을 넣고 볶는다.
6 프로볼로네를 올리고 뚜껑을 덮은 뒤 약불에서 치즈가 녹을 때까지 굽는다.
7 빵 한쪽에 마요네즈를 바르고 **6**을 빵 사이에 넣는다.

불고기케사디야

한국의 대표 음식 불고기를 넣어 만든 케사디야로 외국 친구들에게 가끔 만들어 주던 요리입니다. 불고기를 간장양념에 재워 단맛이 매력적이죠. 맛을 본 친구들도 불고기와 치즈의 궁합을 무척 좋아해서 직접 만들기도 했어요. 이 레시피는 불고기를 넣었지만 닭고기 등 다른 재료를 활용하거나 토마토소스를 곁들여도 맛있습니다. 아이들도 무척 좋아하죠. 와플팬을 사용하면 더 간단해요.

(사진 p.63)

재료(2인)

토르티야 2장
소고기(불고기용) 120g
모차렐라(슈레드) 70g
체다 슬라이스 60g
양파 20g
적파프리카 20g
황파프리카 20g
청피망 20g

소스

간장 2큰술
올리고당 2큰술
참기름 1큰술
대파 다진 것 1큰술
마늘 다진 것 ½큰술
후추 약간
깨 약간

만드는 법

1 소고기는 작게 자른다.
2 분량의 재료를 골고루 섞어 소스를 만든다.
3 **2**의 소스에 소고기를 넣고 10분 정도 재운다.
4 양파, 파프리카, 청피망은 0.5㎝ 정도로 작게 썬다.
5 팬에 소고기를 넣고 3~4분 정도 볶는다.
6 양파, 파프리카, 청피망을 넣고 볶는다.
7 다른 팬에 토르티야를 올리고 **6**을 올린 뒤 체다, 모차렐라를 넣는다.
8 반으로 접고 타지 않도록 주의하며 치즈가 녹을 때까지 앞뒤로 중약불에서 구운 뒤 먹기 좋게 자른다.

해물파에야

파에야는 스페인 음식이지만 한국인들도 무척 좋아하는 요리죠. 쌀과 익숙한 해산물이 들어가기 때문이에요. 원래 주식인 파에야에는 사프란이 들어가지만 이 레시피는 카레를 넣었습니다. 익숙한 감칠맛이 있는 카레가 노란색을 내고 해산물과도 참 잘 어울려요. 닭국물을 이용하면 더 깊은 맛을 낼 수 있고 스톡을 활용하면 간단하게 만들 수 있어요.
(사진 p.64)

재료(2인)

오징어(몸통) 1/2마리
새우 7~8마리
홍합 15개
청파프리카 1/4개
양파 30g
방울토마토 5개
초리조 25g
쌀 1컵
올리브유 3큰술
치킨스톡 2 3/4컵
카레가루 2큰술
마늘 다진 것 1큰술
화이트와인 약간
소금 약간
후추 약간

만드는 법

1 오징어는 링 모양이 되도록 통으로 자르고 새우는 껍질을 벗겨 손질한다. 홍합은 손질 후 씻는다.
2 청파프리카와 양파는 1cm 크기로 깍둑썰기한다.
3 방울토마토는 4등분하고 초리조는 길게 채 썬다.
4 팬에 올리브유를 두르고 달군 뒤 마늘을 넣어 향을 낸다.
5 파프리카와 양파를 넣어 볶다가 양파가 투명해지면 씻은 쌀을 넣고 볶는다.
6 화이트와인을 두르고 살짝 볶아 알코올을 날린다.
7 쌀이 투명해지면 방울토마토를 섞고 오징어, 새우를 넣어 2~3분 정도 볶는다.
8 치킨스톡에 카레가루를 넣고 **7**에 넣은 뒤 중강불에서 끓인다.
9 쌀이 80% 정도 익으면 초리조를 올린다.
10 홍합을 올리고 뚜껑을 덮은 뒤 쌀이 골고루 익고 홍합이 입을 벌릴 때까지 약불에서 익힌다. 취향에 따라 소금, 후추로 간한다.

닭고기바질볶음밥

보스턴에 살 때 자주 가던 태국 식당이 있었어요. 그 레스토랑은 간이 세고 먹고 나면 조미료 탓인지 잠이 쏟아지기도 했지만 가끔은 그 맛이 그리워요. 닭고기바질볶음밥은 그곳이 떠오르는 메뉴로 크러시드페퍼를 넣어 매콤하게 볶았어요. 이 레시피는 닭고기를 넣었지만 새우나 소고기로 대체해도 맛있고 타이바질을 사용하면 훨씬 풍부한 향을 느낄 수 있습니다. 태국 요리다 보니 길쭉한 인키타종 쌀을 넣어야 정통 요리의 느낌이 납니다.

(사진 p.65)

재료(2인)

밥 400g
닭고기(가슴살) 200g
바질 60g
달걀 2개
양파 50g
식용유 4~5큰술
마늘 다진 것 1큰술
크러시드페퍼 1큰술

양념

피시소스 2큰술
굴소스 1½큰술
올리고당 1½큰술
마늘 다진 것 ½큰술
후추 약간

만드는 법

1 바질은 깨끗이 씻고 양파는 슬라이스하고 닭고기는 3cm 정도로 포를 뜨듯 자른 뒤 먹기 좋게 썬다.

2 팬에 식용유를 두르고 마늘을 넣어 중불에서 볶다가 향이 올라오면 크러시드페퍼를 넣어 매콤한 향을 낸 뒤 닭고기를 넣어 익힌다.

3 팬 한쪽에는 달걀을 넣고 노른자를 터뜨려 반쯤 스크램블한다.

4 양파를 넣고 볶는다.

5 분량의 재료를 골고루 섞어 양념을 만들고 밥과 함께 **4**에 넣어 골고루 볶는다.

6 바질을 넣고 살짝만 볶는다.

Iwatani

햄버그스테이크

햄버그스테이크를 만들 때는 어느 정도 기름기가 있는 고기를 사용하거나 돼지고기를 섞으면 퍽퍽함을 줄일 수 있어요. 제대로 치대지 않으면 잘 뭉쳐지지 않으니 잘 치대야 하고 양파가 너무 크면 갈라질 수 있으니 작게 다져주세요. 두껍게 만들수록 굽기가 어려우니 불조절이 중요합니다. 불이 너무 세면 겉 부분만 타기 때문에 불 조절에 신경을 씁니다. 고기를 익힐 때 뚜껑을 덮으면 전체적으로 골고루 익힐 수 있어요. 체다나 달걀프라이를 곁들여도 맛있어요.

(사진 p.66)

재료(2인)
소고기 다진 것 200g
돼지고기 다진 것 80g
양파 50g
달걀 1개
빵가루 4큰술
버터 3큰술
휘핑크림 1½큰술
식용유 1큰술
마늘 다진 것 ½큰술
소금 ¼작은술
소스
A1소스 4큰술
물 3½큰술
올리고당 3큰술
케첩 2큰술
하이라이스가루 2큰술
우스터소스 1큰술

만드는 법

1 양파는 0.2cm 크기로 다지고 팬에 버터 2큰술을 두른 뒤 양파를 넣고 수분을 날리며 볶는다.

2 소고기, 돼지고기, 달걀, **1**의 양파, 빵가루, 휘핑크림, 마늘, 소금을 볼에 넣고 잘 치댄다.

3 4등분 또는 2등분하고 동그랗게 빚은 뒤 가운데를 누른다. 가운데가 들어가야 볼록하고 일정하게 구워진다.

4 팬에 식용유와 버터 1큰술을 녹이고 **3**의 반죽을 넣어 뚜껑을 닫은 뒤 중불에서 앞뒤로 골고루 익힌다.

5 분량의 소스 재료를 골고루 섞어 팬에서 중불로 끓이다 기포가 올라오면 잘 섞은 뒤 불을 끈다. 햄버그스테이크에 곁들인다.

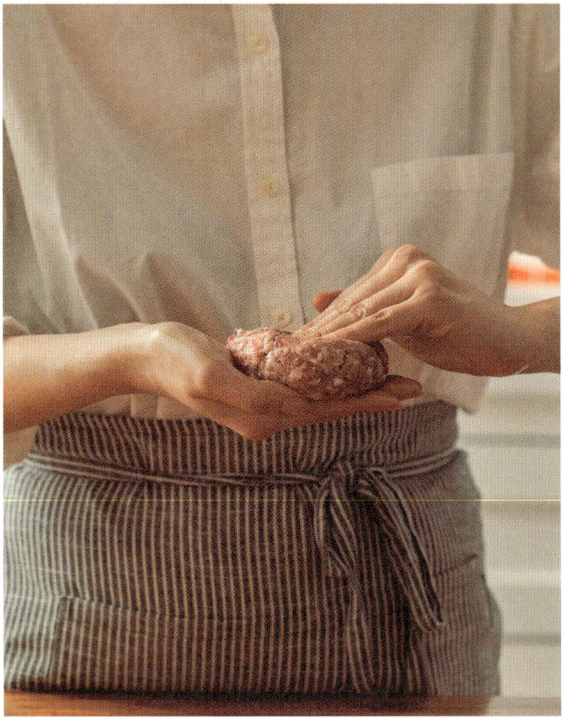

치킨난반

난반은 빵가루를 입히는 과정이 조금 더 간단한 튀김 요리입니다. 닭가슴살과 달걀, 밀가루로 튀김을 준비하고 간장소스의 단맛과 짭쪼름한 맛, 타르타르소스의 새콤하고 고소한 맛이 잘 어울려요. 보통 타르타르소스를 생선 튀김에 곁들이지만 치킨난반에도 잘 어울립니다. 싱싱한 양상추를 곁들이면 느끼한 맛까지 잡을 수 있어요.

(사진 p.68)

재료(2인)

닭고기(가슴살) 200g
달걀 1개
밀가루 3큰술
양상추 3~4장
식용유 적당량
소금 약간
후추 약간

간장소스

간장 1큰술
식초 1큰술
꿀 1큰술

타르타르소스

양파 30g
오이피클 25g
달걀 삶은 것 1개
파슬리 1줄기
마요네즈 4큰술
올리고당 1큰술
레몬즙 1/4큰술
소금 약간
후추 약간

만드는 법

1 닭고기는 가운데 칼을 넣어 포를 뜨고 소금, 후추로 밑간한다.
2 타르타르소스용 달걀의 흰자는 곱게 다지고 노른자는 으깨고 양파와 오이피클, 파슬리는 0.2cm 크기로 작게 다진 뒤 키친타월로 물기를 제거한다.
3 **2**의 재료와 마요네즈, 올리고당, 레몬즙, 소금, 후추를 볼에 넣고 골고루 섞어 타르타르소스를 만든다.
4 양상추는 채 썰거나 먹기 좋게 찢는다.
5 분량의 간장소스 재료를 골고루 섞은 뒤 전자레인지에 1분 정도 가열한다.
6 닭고기를 밀가루, 달걀 푼 것 순서로 담가 튀김옷을 입힌다.
7 식용유를 170~180℃ 정도로 끓이고 **6**의 닭고기를 넣어 노릇노릇하게 튀긴다.
8 튀긴 닭고기를 먹기 좋게 자르고 간장소스와 타르타르소스, 양상추를 곁들인다.

해물크림리소토

쌀을 좋아하는 한국인에게는 파스타보다 리소토가 더 친근할지도 모르겠어요. 언제 처음 먹었는지는 생각나지 않지만 이탈리안 레스토랑에 가면 꼭 시키는 메뉴입니다. 리소토는 쌀을 볶으면서 수분을 흡수시켜 익히는 메뉴입니다. 채소국물이나 치킨국물 등을 사용해야 더 깊은 맛이 나죠. 집집마다 화력이 달라 수분이 증발하는 시간도 다르기 때문에 국물을 넣으며 농도를 확인하세요. 좋아하는 치즈를 잔뜩 올려 먹으면 더 맛있어요.

(사진 p.70)

재료(2인)

쌀 1컵
새우 6마리
오징어(몸통) 1/2마리
양파 50g
홍합살 30g
치킨스톡 4컵
생크림 1/4컵
올리브유 3큰술
화이트와인 3큰술
마늘 다진 것 1큰술
버터 1큰술
파르미지아노 레지아노 적당량
소금 약간
후추 약간

만드는 법

1 양파는 0.5cm 크기로 작게 다지고 새우는 다듬고 오징어는 먹기 좋게 썰고 홍합살은 소금물에 씻는다.
2 팬에 버터와 올리브유를 두르고 버터가 녹으면 양파, 마늘을 넣고 중강불에서 볶는다.
3 양파가 투명해지면 씻은 쌀을 넣고 볶는다.
4 새우, 오징어, 홍합살을 넣고 볶는다.
5 화이트와인을 두르고 볶아서 알코올을 날린다.
6 치킨스톡을 1국자 두르고 볶다 수분이 모두 흡수되면 다시 치킨스톡을 넣으면서 쌀이 익을 때까지 20분 정도 반복한 뒤 생크림을 넣는다.
7 소금과 후추로 간하고 파르미지아노 레지아노를 갈아서 올린다.

미트소스파스타

어느새 우리에게도 파스타가 익숙한 요리가 되었습니다. 토마토소스, 크림소스뿐 아니라 미트소스도 흔하게 찾을 수 있죠. 제가 처음 만난 파스타는 피자 가게에서 만든 오븐스파게티였어요. 지금도 즐겨 먹는 추억의 메뉴죠. 이 레시피는 토마토미트소스를 간단하게 만들어 파스타를 곁들였지만 미트소스 위에 치즈를 뿌리고 오븐에 구운 뒤 바게트와 먹어도 맛있어요. 스파게티 대신 페투치네를 써도 됩니다.

(사진 p.71)

재료(2인)
홀토마토 2캔(800g)
소고기 다진 것 200g
양파 90g
당근 90g
셀러리 90g
마늘 다진 것 30g
월계수잎 1개
치킨스톡 $1\frac{1}{4}$컵
레드와인 2~3큰술
올리고당 2큰술
버터 $1\frac{1}{2}$큰술
바질 1큰술
오레가노 1작은술
소금 1작은술
그라나파다노 적당량
후추 약간
파스타 삶기
스파게티 200g
물 10컵
소금 20g
올리브유 $1\frac{1}{2}$큰술

만드는 법

1 물, 소금을 냄비에 넣고 끓인 뒤 스파게티를 넣어 삶는다. 8분 정도 삶으면 알 덴테 상태, 9분 정도 삶으면 부드럽게 익는다. 다 익힌 스파게티에 올리브유를 뿌린다.

2 양파, 당근, 셀러리는 0.3cm 크기로 다지고 팬에 버터 1큰술을 넣고 달군다.

3 양파, 당근, 셀러리, 마늘을 넣고 볶다가 채소가 투명해지면 소고기를 넣어 볶은 뒤 레드와인을 두르고 알코올을 날린다.

4 홀토마토를 넣어 으깨고 바질, 오레가노, 월계수잎, 치킨스톡을 넣어 강불에서 자작하게 끓인 뒤 올리고당을 넣고 소금, 후추로 간한다.

5 **1**의 스파게티와 **4**의 미트소스를 그릇에 담고 그라나파다노를 갈아서 올린다. 취향에 따라 파슬리를 추가한다.

새우팟타이

막상 만들어 보면 어렵지 않지만 태국 음식은 어렵다는 편견이 있습니다. 타마린 같은 재료는 구하기 어렵지만 마트에서 구할 수 있는 재료로도 충분히 맛있는 팟타이를 만들 수 있어요. 보통 스퀴드액젓을 많이 사용하지만 제 입맛엔 피시소스(삼게)가 더 깊은 맛이 있는 것 같아요. 쌀국수는 봉지에 써 있는 시간을 참고해 불리세요. 매콤하게 먹고 싶다면 타이페퍼를 추가하거나 마지막에 크러시드페퍼를 올리고 라임도 곁들여 주세요.

(사진 p.72)

재료(1~2인)

쌀국수 200g
새우 5~6마리
달걀 1개
숙주 50g
캐슈너트 10개
라임 ½개
식용유 3큰술
소금 약간
후추 약간

소스

올리고당 3큰술
물 2큰술
굴소스 1큰술
피시소스 1큰술

만드는 법

1 쌀국수는 찬물에 10분 정도 불리고 체에 밭친다.
2 팬을 달구고 식용유를 두른 뒤 달걀을 넣고 달걀노른자를 반쯤 터뜨려 스크램블을 만든다.
3 손질한 새우를 달걀 옆에 넣고 소금, 후추를 넣은 뒤 하얗게 색이 날 때까지 볶는다.
4 **1**의 쌀국수를 넣는다.
5 분량의 재료를 골고루 섞어 소스를 만들고 **4**에 넣은 뒤 중강불에서 골고루 볶는다.
6 숙주를 넣고 아삭함이 유지되도록 1분 정도 볶은 뒤 접시에 담는다.
7 캐슈너트를 비닐팩에 넣어 잘게 다지고 라임과 함께 **6**에 곁들인다.

명란아란치니

남은 밥이 있다면 명란을 넣어 아란치니에 도전해 보세요. 라이스크로켓을 업그레이드한 메뉴로 간식으로 손색이 없습니다. 휘핑크림 대신 시판 수프를 넣어도 맛있죠. 옥수수, 피망, 부추 등 다양한 재료를 활용하기도 좋아요. 생크림을 많이 넣으면 질어서 잘 뭉쳐지지 않으니 유의해서 동그랗게 모양을 잡습니다. 명란이 들어가니 따로 간을 하지 말고 맛을 본 뒤 소금, 후추로 간하세요.

(사진 p.73)

재료(2인)
명란 1개
밥 300g
달걀 1개
양파 70g
모차렐라(슈레드) 70g
당근 50g
셀러리 15g
생크림 ¼컵
밀가루 5큰술
빵가루 5큰술
올리브유 3큰술
식용유 적당량
소금 약간
후추 약간

만드는 법

1 당근, 양파, 셀러리는 0.2cm 크기로 작게 다진다.
2 팬에 올리브유를 두르고 당근, 양파, 셀러리를 넣은 뒤 양파가 투명해질 때까지 볶는다.
3 밥을 넣고 볶는다.
4 명란은 껍질을 제거한 뒤 속 부분만 넣어 골고루 볶는다.
5 생크림을 넣고 볶다 취향에 따라 소금, 후추를 간한다.
6 넓은 접시에 **5**를 펴서 적당히 식힌다.
7 모차렐라를 넣고 골고루 섞은 뒤 동그랗게 모양을 잡는다.
8 밀가루, 달걀 푼 것, 빵가루 순서로 **7**의 반죽을 굴려 튀김옷을 입힌다.
9 식용유를 170~180℃로 끓이고 **8**의 밥을 넣어 황금색이 될 때까지 튀긴다.

PYREX

Story & Recipes 4

For Home Cooking

나들이 메뉴

도시락을 싸는 건 귀찮아서 밖에 나가서 사 먹으면 막상 만족하지 못할 때가 많아요. 그래서 가끔은 도시락을 챙겨서 야외로 나가곤 합니다. 친구들과 1~2개씩 메뉴를 정하고 점심과 저녁 사이에 만나요. 음식이 식어도 친구가 만든 요리는 제가 만든 것과 달라 더 맛있게 느껴질 때가 많아요. 제가 만든 메뉴도 맛있게 먹어 주면 참 행복하죠. 마음을 먹고 준비해야 하지만 집에서 요리를 하고 예쁜 통에 담아 뚜껑을 담는 순간의 뿌듯함이 참 좋아요. 어른 아이 모두 좋아하는 메뉴로 구성했습니다.

달걀샌드위치

모닝빵으로 만든 달걀샌드위치는 귀여운 모양 덕분에 보기 만 해도 먹음직스럽습니다. 샌드위치가 더 부드럽고 노란 색이 나도록 달걀노른자를 조금 더 넣어주세요. 가끔은 특색 있게 고추냉이를 넣어보세요. 마요네즈와 고추냉이를 섞은 소스는 다양한 음식에 활용하기도 좋아요. 마요네즈는 브랜드마다 염분이 조금씩 다르니 마지막에 간을 해 주세요. 완성한 샌드위치를 냉장고에서 1시간 정도 숙성시키면 더 촉촉해집니다.

(사진 p.74)

재료(2인)

모닝빵 4개
달걀 삶은 것 7개

소스

마요네즈 $3\frac{1}{2}$큰술
고추냉이 1작은술
소금 $\frac{2}{3}$작은술
후추 약간

만드는 법

1 모닝빵은 반으로 자른다.

2 달걀노른자는 으깨고 달걀흰자는 곱게 다진다. 달걀흰자는 5개 분량만 사용한다.

3 **2**의 재료와 마요네즈, 고추냉이, 소금, 후추를 볼에 넣고 골고루 섞어 소스를 만든다.

4 모닝빵 안에 **3**을 넣고 밀폐 용기에 넣거나 랩으로 싼 뒤 1시간 정도 냉장 보관한다.

오므라이스

어릴 때는 달걀과 케첩만 있어도 밥이 맛있었어요. 흰밥에 달걀을 올려 먹는 것만으로도 좋았어요. 그때는 달걀을 밥 위에 올리면 오므라이스라고 생각했지만 요즘은 달걀을 스크램블해서 촉촉한 오므라이스를 만들어요. 달걀이 신선하면 더 맛있죠. 볶음밥을 만들 때는 집에 있는 자투리 채소를 활용해도 좋아요. 케첩을 넣으면 달걀의 고소한 맛과 잘 어우러져요.

(사진 p.75)

재료(2인)
밥 400g
감자 50g
달걀 3개
양파 20g
당근 20g
베이컨 2장
식용유 4큰술
케첩 3큰술
우유 2큰술
소금 약간
후추 약간

만드는 법

1 감자, 양파, 당근은 0.3cm 크기로 다지고 베이컨은 1cm 두께로 자른다.

2 팬에 식용유 3큰술을 두르고 중강불에서 달군 뒤 감자, 양파, 당근을 넣고 볶는다.

3 베이컨을 넣고 색이 나면서 감자가 80% 정도 익으면 밥, 소금, 후추를 넣고 볶는다.

4 케첩을 넣고 골고루 볶은 뒤 그릇에 담는다.

5 달걀을 풀고 우유, 소금을 넣어 잘 섞은 뒤 팬을 달구고 식용유 1큰술을 두른 다음 달걀을 넣는다.

6 젓가락으로 스크램블하고 모양을 잡은 뒤 볶음밥 위에 올린다.

치즈샌드위치

식빵과 치즈만 있으면 간단하게 만들어 출출한 배를 채울 수 있는 샌드위치입니다. 저는 치즈와 토마토소스를 곁들이는 걸 좋아해요. 토마토의 새콤한 맛이 치즈의 느끼한 맛을 중화시켜 잘 어울리죠. 치아바타에 여러 종류의 치즈를 넣고 잘 녹도록 프레스에 눌러 굽습니다. 불조절에 실패하면 빵은 타버리고 치즈는 녹지 않을 수 있으니 주의해서 구워주세요. 좀 더 향을 더하기 위해 딜을 넣었습니다.

(사진 p.76)

재료(1인)
치아바타 1개
고다 슬라이스 2장
체다 슬라이스 2장
모차렐라(슈레드) 50g
버터 1큰술
딜 1줄기

만드는 법

1 치아바타를 반으로 가른다.
2 딜은 줄기를 제거하고 다진다.
3 팬에 버터를 녹이고 치아바타를 올린 뒤 고다, 체다, 모차렐라를 올린다.
4 딜을 뿌린다.
5 나머지 치아바타로 덮고 프레스로 누르며 중강불에서 노릇하게 익힌다.

옛날식 샐러드와 고구마맛탕

과일을 마요네즈와 버무린 옛날식 샐러드는 어릴적 결혼식장이나 고깃집에서 흔히 먹을 수 있는 요리였는데 건포도를 싫어해서 골라 먹기도 하고 당근을 억지로 삼켰던 기억도 나네요. 기본 재료에 삶은 감자, 귤 등을 추가해도 맛있어요. 이 샐러드와 잘 어울리는 고구마맛탕은 친구의 생일 파티에서 처음 먹어봤는데 진득하고 달콤한 맛에 반해 목이 막혀도 계속 집어먹었죠. 고구마가 속까지 익도록 바삭하게 튀기고 올리고당과 꿀을 넣어 휙 섞어 주세요. 식어도 맛있어요.

(사진 p.78)

옛날식 샐러드

재료(2인)

사과 1개
감 1개
바나나 1개
양배추 80g
햄 40g
건포도 40g
메추리알 10개
아몬드 10개

소스

마요네즈 6큰술
올리고당 ½큰술
소금 약간

만드는 법

1 사과는 깨끗이 씻고 감과 바나나는 껍질을 벗겨 각각 2.5cm 크기로 자른다.
2 양배추는 2.5cm 크기로 자르고 메추리알은 삶아서 껍질을 벗긴다.
3 햄은 1.5cm 크기로 잘라 데치고 아몬드는 2등분한다.
4 분량의 재료를 섞어 소스를 만들고 모든 재료를 넣은 뒤 골고루 버무린다.

고구마맛탕

재료(2인)

고구마 3개
올리고당 3큰술
꿀 1큰술
식용유 3컵

만드는 법

1 고구마는 3~3.5cm 크기로 어슷하게 썰고 물에 담가 전분을 제거한 뒤 체에 밭쳐 물기를 뺀다.
2 냄비에 식용유를 넣고 160~170℃ 정도로 끓인 뒤 고구마를 넣고 노릇노릇하게 튀긴다. 나무 젓가락을 냄비 바닥에 넣었을 때 기포가 올라오면 적당한 튀김 온도다.
3 튀긴 고구마를 냄비에 옮긴다.
4 올리고당과 꿀을 넣고 강불에서 2분 정도 섞는다.

감자샌드위치

보통 감자샐러드에는 마요네즈를 넣지만 이 레시피에서는 홀그레인머스터드를 넣었습니다. 매콤하면서 새콤한 맛이 담백한 감자와 잘 어울리고 빵 사이에 넣어도, 샐러드로 먹어도 맛있습니다. 홀그레인머스터드를 처음 먹었을 때는 맛이 어색했는데 이제는 꼭 구비해 두는 소스입니다. 스테이크나 삼겹살에 곁들이면 그 매력을 알 수 있죠. 샌드위치는 만들고 나서 밀폐 용기나 종이포일에 포장해 냉장고에 1시간 정도 두면 재료끼리 안정감을 찾아서 더 맛있어요.

(사진 p.80)

재료(2인)

감자 600g
당근 45g
햄 35g
오이 ½개
홀그레인머스터드 4큰술
올리브유 2큰술
올리고당 1작은술
바게트(또는 식빵) 적당량
소금 약간
후추 약간

만드는 법

1 당근, 햄은 0.2㎝ 크기로 자르고 오이는 씨를 제거하고 0.2㎝ 크기로 다지듯 썬다.

2 냄비에 감자와 물, 소금을 넣고 젓가락이 잘 들어갈 정도로 삶은 뒤 껍질을 벗기고 으깬다.

3 당근, 햄, 오이를 **2**의 감자와 섞고 올리브유를 뿌린 뒤 홀그레인머스터드, 올리고당을 넣고 골고루 섞는다.

4 소금, 후추로 간하고 바게트에 올린다.

콥샐러드

콥샐러드는 미국 로스앤젤레스 어느 레스토랑의 콥이라는 셰프가 바쁜 저녁 시간에 냉장고에 남은 재료를 작게 썰어 만들면서 시작됐다고 합니다. 재료를 비슷한 크기로 잘라서 종류별로 담으면 알록달록 보기에도 예쁜 샐러드가 됩니다. 소스를 넉넉히 올리고 바게트와 곁들여도 좋아요. 닭가슴살을 삶아서 넣었지만 구워도 무척 잘 어울려요.

(사진 p.81)

재료(2인)

닭고기(가슴살) 100g
아보카도 1개
토마토 6개
베이컨 4장
로메인 12장
달걀 삶은 것 2개
블랙올리브 적당량
블루(치즈) 적당량
랜치소스 적당량
후추 약간

만드는 법

1 닭고기는 완전히 익을 때까지 20분 정도 삶고 손으로 찢거나 깍둑썰기한다.

2 아보카도는 1.5cm 크기로 깍둑썰기한다.

3 토마토는 4등분한다.

4 베이컨은 구운 뒤 1cm 두께로 자른다.

5 로메인은 먹기 좋게 2cm 간격으로 자른다.

6 달걀은 8등분한다.

7 블랙올리브는 슬라이스하고 블루는 잘게 자른다.

8 로메인을 그릇에 깔고 준비한 재료를 가지런히 올린다.

9 랜치소스에 후추를 뿌리고 **8**의 샐러드에 곁들인다.

콜드파스타

콜드파스타는 뜨거운 온도를 유지하지 않아도 되기 때문에 샐러드처럼 간편하게 먹을 수 있어요. 도시락을 쌀 때나 안주가 필요할 때 추천하는 메뉴입니다. 투명한 밀폐 용기에 담으면 더 먹음직스럽죠. 주로 쇼트 파스타를 이용하는 레시피로, 푸실리를 사용했지만 펜네도 잘 어울려요. 깊은 맛의 드레싱만 있다면 어떤 채소를 넣어도 맛있는 한끼가 되죠.

(사진 p.82)

재료(2인)

푸실리 200g
보콘치니 40g
방울토마토 10개
아스파라거스 5개
그린빈 5개
그린올리브 6~7개
바질잎 8장
물 4컵
그라나파다노 적당량
올리브유 적당량
소금 1작은술

소스

호두 20g
올리브유 ¼컵
발사믹식초 3큰술
올리고당 2큰술
소금 약간
후추 약간

만드는 법

1 푸실리는 8분 정도 삶고 체에 건져 올리브유를 뿌려 서로 붙지 않게 식힌다.

2 방울토마토는 2등분하고 바질잎은 슬라이스한다.

3 아스파라거스와 그린빈은 4~5cm 크기로 자른다.

4 냄비에 물, 소금을 넣고 끓인 뒤 아스파라거스와 그린빈을 넣고 20초 정도 데친다.

5 호두는 170℃로 예열한 오븐에서 8분 정도 굽는다.

6 호두와 분량의 소스 재료를 골고루 섞고 믹서로 갈아 소스를 만든다.

7 푸실리와 보콘치니, 방울토마토, 아스파라거스, 그린빈, 그린올리브를 **6**의 소스와 골고루 섞는다.

8 슬라이스한 그라나파다노와 바질잎을 곁들인다.

돈가스샌드위치

돼지고기가 두껍게 들어가 무척 든든한 요리입니다. 일본에서 처음 먹어 본 샌드위치로, 익숙한 돈가스를 넣었는데도 무척 특별했어요. 가끔 집에서 돈가스를 만들 때는 이렇게 샌드위치로 만들어 먹기도 합니다. 시판 돈가스소스에 깨를 갈아 넣어 소스로 활용하면 더 간단해요. 부드러운 식감을 좋아한다면 안심을, 지방 함량이 적은 돈가스를 원하면 등심을 사용하세요.

(사진 p.83)

재료(2인)
돼지고기(등심) 130g
양배추 200g
식빵 4장
마요네즈 4큰술
밀가루 적당량
달걀 적당량
빵가루 적당량
식용유 적당량
소금 약간
후추 약간
소스
돈가스소스 2큰술
물 1½큰술
올리고당 1큰술
하이라이스가루 1큰술
A1소스 1큰술

만드는 법

1 돼지고기는 칼등으로 두드린 뒤 소금, 후추로 간한다. 양배추를 채 썰고 아삭하도록 찬물에 담가 10분 정도 둔 뒤 체에 밭친다.
2 밀가루, 달걀 푼 것, 빵가루를 준비하고 순서대로 돼지고기에 튀김옷을 입힌다.
3 분량의 소스를 섞어서 전자레인지에 1분 정도 가열한다.
4 식용유를 170~180℃ 정도로 끓이고 **2**의 돼지고기를 넣어 노릇노릇하게 튀긴다.
5 튀긴 돈가스를 체에 밭쳐 기름기를 뺀다.
6 식빵에 **3**의 소스를 바르고 튀긴 돈가스를 올린다.
7 다시 소스를 바른다.
8 양배추를 넉넉히 올리고 마요네즈를 뿌린 뒤 식빵을 덮고 반으로 자른다.

딸기크림샌드위치

생크림에 크림치즈를 넣어 휘핑하면 좀 더 단단하고 진한 맛의 크림이 됩니다. 크림치즈는 레시피보다 더 넣어도 됩니다. 딸기와 함께 키위나 귤 등 잘랐을 때 모양이 예쁜 제철 과일을 사용하면 더 좋아요. 빵 위에 과일을 올릴 때는 단면을 계산하고 2등분이나 4등분합니다. 완성한 샌드위치는 랩으로 싸서 냉장고에 1시간 정도 보관해 주세요. 더 단단해져서 예쁘게 자를 수 있고 시원하게 먹을 수 있거든요.

(사진 p.84)

재료(2인)

크림치즈 100g
생크림 1컵
설탕 50g
딸기 10개
우유식빵 4장

만드는 법

1 크림치즈는 거품기로 부드럽게 푼 뒤 설탕을 넣고 다시 거품기로 섞는다.
2 생크림은 뿔이 생길 때까지 휘핑한다.
3 크림치즈와 생크림을 섞어 크림을 만든다.
4 식빵에 **3**의 크림을 바르고 딸기를 올린다.
5 다시 크림을 올리고 식빵으로 덮는다.
6 완성된 샌드위치를 랩핑하고 1~2시간 정도 냉장 보관한다.
7 단면이 잘 보이도록 예쁘게 자른다.

채소랩

토르티야 안에 다양한 채소를 넣어 칼로리에 대한 부담이 없는 요리입니다. 칼로리를 더 줄이고 싶다면 라이스페이퍼를 이용해도 좋아요. 채소는 취향에 따라 다양하게 넣어 보세요. 치즈나 닭가슴살을 넣으면 좀 더 든든합니다. 토르티야는 그냥 먹어도 되지만 특유의 새콤한 향이 싫다면 살짝만 구워 주세요. 너무 구우면 바삭해지기 때문에 앞뒤로 10초씩 열을 전달할 정도로만 굽습니다.

(사진 p.85)

재료(2인)

토르티야 3장
당근 50g
새싹채소 30g
무순 30g
오이 1개
적파프리카 1개
황파프리카 1개
깻잎 6장

땅콩소스

마요네즈 3큰술
피넛버터 1큰술
올리고당 1큰술

만드는 법

1 팬을 달구고 토르티야를 앞뒤로 10초씩 살짝 굽는다.
2 새싹채소와 무순, 깻잎을 씻어서 체에 밭친다.
3 당근과 파프리카는 0.3cm 두께로 채 썰고 오이는 돌려깎기한 뒤 씨를 제거하고 당근과 같은 크기로 채 썬다.
4 분량의 재료를 골고루 섞어 땅콩소스를 만든다.
5 토르티야에 땅콩소스를 바른다.
6 깻잎을 펴서 올리고 당근, 새싹채소, 무순, 오이, 파프리카를 올린다.
7 양쪽을 4cm 정도 접고 아래에서 위로 만다.

훈제연어샌드위치

베이글에 훈제연어와 크림치즈를 넣은 샌드위치입니다. 크림치즈를 많이 넣으면 보기에는 맛있어 보이지만 조금 느끼할 수 있어요. 적당한 양만 넣어 주세요. 케이퍼를 넣으면 새콤한 맛이 크림치즈의 느끼함과 연어의 비린 맛을 잡아 줍니다. 크림치즈에 대파를 얇게 송송 썰어 넣으면 좀 더 다채로운 맛을 느낄 수 있어요.

(사진 p.86)

재료(2인)

베이글 2개
훈제연어 40g
크림치즈 90g
양파 30g
대파 ¼대
블랙올리브 8개
케이퍼 20알
후추 약간

만드는 법

1 베이글은 반으로 가르고 토스트를 하거나 그냥 사용한다.
2 양파는 0.2cm 두께로 동그랗게 링 모양으로 슬라이스하고 블랙올리브도 슬라이스한다.
3 대파를 송송 썰어 후추와 함께 크림치즈에 넣는다.
4 **3**의 크림치즈를 베이글에 바른다.
5 훈제연어를 취향껏 올린다.
6 양파, 블랙올리브, 케이퍼를 올린다.
7 다른 베이글 한쪽에도 크림치즈를 바르고 **6** 위에 올린다.

김치초리조주먹밥

냉장고에 남은 소시지나 스팸, 살라미가 있다면 김치와 함께 볶아서 주먹밥을 만들어 보세요. 초리조는 특유의 맛이 강해서 주먹밥에 넣으면 씹는 맛까지 더할 수 있죠. 와인 안주로 사 둔 초리조가 남으면 볶음밥이나 주먹밥에 넣어요. 초리조가 아닌 다른 재료도 응용하기 좋은 레시피입니다.

(사진 p.87)

재료(2인)

밥 300g
초리조 50g
김치 익은 것 30g
들기름 3큰술
간장 1/2큰술
파래김가루 적당량

만드는 법

1 초리조는 0.1cm 크기로 잘게 다진다.
2 김치는 물에 씻어 물기를 짜고 작게 다진다.
3 팬을 달구고 들기름을 두른 뒤 김치와 초리조, 간장을 넣고 볶는다.
4 **3**을 볼에 담고 밥을 넣은 뒤 골고루 섞는다.
5 잘 뭉쳐서 4.5cm 크기의 주먹밥 모양으로 만든다.
6 파래김가루를 묻힌다.

Story & Recipes 5

For Home Cooking

밥 대신 안주

요즘은 집에서 술을 즐기는 분들이 많죠. 저도 밖에 나가는 것이 부담스러워 와인을 사고 어울리는 안주를 준비해 혼술을 즐깁니다. 날씨가 좋으면 좋은 대로, 비가 오면 오는 대로 어울리는 술과 안주를 준비하고 음악을 고르죠. 어떤 날은 막걸리의 맑은 윗부분과 기름에 지진 부침개에 행복을 느끼고 어떤 날은 와인과 통통한 새우감바스로, 어떤 날은 토마토 조개탕과 소주를 즐기기도 합니다. 하루 종일 쌓인 스트레스를 맛있는 안주와 술 한 모금과 함께 넘기며 자신을 위로해 보세요.

토마토조개탕

해산물을 넣은 토마토스튜는 먹으면서도 해장과 술을 같이 하는 기분입니다. 조개류를 볼에 담고 굵은 소금을 1큰술 넣은 뒤 어두운 색 봉지를 씌우고 냉장고에 두면 깔끔하게 해감됩니다. 조개를 너무 오래 끓이면 맛이 없으니 조개가 입을 벌리고 통통할 때 먹어야 해요. 제철 조개를 이용하면 더 맛있죠.

(사진 p.88)

재료(2인)

동죽 15개
바지락 15개
가리비 5개
방울토마토 5개
셀러리 80g
양파 50g
홀토마토 2캔(800g)
물 1½컵
화이트와인 ¼컵
올리브유 3큰술
마늘 다진 것 1½큰술
소금 1작은술
후추 약간
페페론치노 약간
이탈리안 파슬리 약간

만드는 법

1 동죽과 바지락을 깨끗이 씻어 볼에 담고 물(5컵)과 소금(40g)을 넣은 뒤 어두운 색 봉지를 씌우고 냉장고에서 1~2시간 정도 해감한다. 가리비는 손질한 뒤 씻어서 건진다.

2 방울토마토는 2등분하고 셀러리와 양파는 0.2cm 크기로 작게 다진다.

3 팬을 달구고 올리브유를 두른 뒤 마늘을 넣어 볶다가 셀러리와 양파를 넣어 볶는다.

4 홀토마토를 넣고 으깨면서 볶는다.

5 동죽과 바지락을 넣고 화이트와인을 두른뒤 볶는다.

6 물과 페페론치노를 넣고 끓인다.

7 한소끔 끓어오르면 방울토마토와 가리비를 넣고 익을 때까지 끓인다.

8 소금과 후추로 간하고 이탈리안 파슬리를 다져서 올린다.

감바스

새우의 매력을 느낄 수 있는 메뉴 중 감바스를 빼놓을 수 없죠. 바게트를 곁들여 먹으면 올리브유 한 방울까지 버릴 게 없는 메뉴예요. 남은 올리브유는 볶음밥을 할 때 사용해도 좋아요. 만들기는 간단하지만 근사한 메뉴라 손님을 초대했을 때도 잘 어울립니다. 새우를 손질할 때는 새우꼬리 쪽 삐죽한 물주머니를 가위로 자르고 껍질을 벗긴 뒤 이쑤시개를 2번째 마디에 넣고 돌려서 까만 내장을 제거해 주세요.
(사진 p.89)

재료(1~2인)

새우 18마리
마늘 7쪽
로즈메리 2줄기
올리브유 2/3컵
크러시드페퍼 1큰술
파프리카가루 1작은술
소금 1/2작은술
후추 약간

만드는 법

1 새우는 손질한 뒤 키친타월로 물기를 빼고 마늘은 편으로 썬다.
2 무쇠 팬에 마늘과 올리브유, 소금, 후추를 넣고 마늘 향이 올라오면 중불로 줄인다.
3 새우를 넣고 익을 때쯤 로즈메리를 넣어 향을 낸 뒤 불을 끄고 크러시드페퍼를 뿌린다.
4 파프리카가루를 뿌린다.

문어샐러드

먹을수록 매력에 중독되는 이탈리아식 문어샐러드입니다. 새콤하고 깊은 맛의 올리브유를 사용하면 그 맛이 배가됩니다. 만드는 방법은 간단하지만 근사한 요리같은 느낌을 줍니다. 화이트와인과 잘 어울려서 특히 여름철에 자주 만들어요.

(사진 p.90)

재료(2인)

문어 손질된 것 500g
감자 200g
어린잎 채소 30g
파슬리 1/2작은술
건로즈메리 1/2작은술

드레싱

올리브유 2큰술
화이트와인식초 2큰술
레몬 1/4개
소금 약간
후추 약간

만드는 법

1 감자는 1cm 크기로 깍둑썰기한다.
2 감자를 13분 정도 삶고 체에 밭쳐 식힌다.
3 문어는 끓는 물에 넣어 살짝 데치고 찬물에서 식힌다.
4 데친 문어를 1cm 크기로 작게 자른다.
5 레몬은 즙을 내고 나머지 드레싱 재료와 골고루 섞은 뒤 문어와 함께 볼에 넣는다.
6 감자, 어린잎 채소, 파슬리, 로즈메리를 넣고 골고루 버무린다.

닭볶음탕

얼큰한 국물이 생각날 때는 감자를 넣은 닭볶음탕을 만듭니다. 저녁 식사로 즐기기도 좋고 술안주로도 손색없는 메뉴입니다. 생각보다 간단하고 든든하고 푸짐하게 먹을 수 있어요. 마지막에는 닭볶음탕 국물에 밥을 넣어 볶음밥을 만들어 보세요. 볶음밥이 노릇해지도록 약불에 두면 더 맛있죠. 저는 2가지 고춧가루를 사용했습니다. 고운 고춧가루는 농도를 걸쭉하게 만들어 탕이나 볶음에 자주 사용합니다.

(사진 p.91)

재료(2~3인)

닭고기 1마리(700~800g)
감자 200g
당근 100g
양파 100g
대파 1½대
물 3¼컵
식용유 3큰술
청주 3큰술
맛술 3큰술

양념

간장 2½큰술
올리고당 2큰술
굵은 고춧가루 2큰술
마늘 다진 것 1½큰술
고운 고춧가루 1큰술
고추장 1큰술
소금 1큰술
후추 약간

만드는 법

1 닭고기는 맛술에 20분 정도 재워 잡내를 제거하고 끓는 물에 넣은 뒤 한소끔 끓어오르면 꺼내 흐르는 물에 헹군다.

2 당근, 감자, 양파는 큼직하게 3cm 크기로 썰고 대파는 길게 썬다.

3 냄비에 식용유를 두르고 닭고기를 넣어 볶다가 청주를 넣은 뒤 알코올을 날리고 물을 넣은 다음 한소끔 끓인다.

4 분량의 재료를 골고루 섞어 양념을 만들고 **3**에 넣은 뒤 강불에서 10분 정도 끓인다.

5 당근, 감자를 넣고 90% 정도 익으면 양파와 대파를 넣은 뒤 완전히 익을 때까지 뭉근히 조린다.

순대볶음

저는 순대를 참 좋아해요. 해외에 있을 때도 순대볶음이 너무 그리워서 그 맛을 내기 위해 많은 시도를 했습니다. 그런데 막상 한국에서 사 먹을 수 있으니 집에서 만든 순대볶음 맛이 그립더라고요. 종종 저녁 식사 대신 순대와 깻잎, 대파를 잔뜩 넣은 순대볶음을 만들곤 합니다. 진한 양념과 고추기름이 들어가서 술안주로 특히 좋아요.

(사진 p.92)

재료(2~3인)

순대 200g
양배추 200g
당근 25g
양파 25g
깻잎 20장
청고추 1개
대파 1대
들깨 2큰술

양념

고추장 $2\frac{1}{2}$큰술
고춧가루 2큰술
맛술 1큰술
간장 1큰술
올리고당 $\frac{1}{2}$큰술

고추기름

식용유 4큰술
고춧가루 $1\frac{1}{2}$큰술
마늘 다진 것 1큰술

만드는 법

1 순대는 1.5cm 두께로 썬다.
2 양배추는 4cm 크기로 썰고 당근은 2cm 크기로 썬다.
3 양파는 채 썰고 청고추는 어슷하게 썬다.
4 대파는 4~5cm 크기로 큼직하게 썬다.
5 팬에 분량의 고추기름 재료를 넣고 볶아 고추기름을 만든다.
6 순대, 양배추, 당근, 양파, 청고추, 양념 재료를 모두 넣고 1분 정도 볶는다.
7 대파를 넣고 순대가 부드러워질 때까지 볶는다.
8 깻잎과 들깨를 넣는다.

도미채소구이

집에서 생선을 구우면 냄새가 나서 자주 요리하기가 꺼려지지만 도미채소구이는 비린내 없이 요리할 수 있고 무엇보다 만들기가 쉬워서 즐겨 먹어요. 생선을 구울 때 좋아하는 채소를 함께 넣어 구워 보세요. 생선뿐 아니라 구운 채소까지 즐길 수 있어 더욱 맛있습니다.

(사진 p.93)

재료(2인)

도미 손질한 것 450g
주키니 1/3개
콜리플라워 1/4개
아스파라거스 4개
방울양배추 4개
레몬 1개
마늘 10쪽
딜 1줄기
올리브유 7큰술
소금 1/2큰술
후추 약간

만드는 법

1 주키니는 2.5cm 크기로 썬다.
2 콜리플라워는 2.5cm 크기로 나눈다.
3 레몬은 슬라이스한다.
4 아스파라거스와 방울양배추는 2등분한다.
5 오븐 팬에 종이포일을 깔고 도미, 주키니, 콜리플라워, 아스파라거스, 방울양배추, 레몬, 마늘, 딜을 넣는다.
6 소금과 후추로 간하고 올리브유를 뿌린다.
7 종이포일을 덮고 200℃로 예열한 오븐에서 25분 정도 굽는다.

불고기떡볶이

어른, 아이 모두 좋아하는 메뉴로 간장에 조물조물 재운 불고기와 떡이 짭짤하면서도 달콤해서 너무 잘 어울리죠. 밀가루떡보다 쌀떡이 더 잘 어울립니다. 불고기가 없다면 간장양념만 넣어 떡볶이를 만들어도 맛있어요.

(사진 p.94)

재료(2~3인)
쌀떡 300g
소고기(불고기용) 130g
당근 30g
양파 40g
대파 1대
물 3/4컵
참기름 2큰술
굴소스 1큰술

간장양념
올리고당 3큰술
간장 2큰술
참기름 1큰술
마늘 다진 것 1/2큰술
후추 약간

만드는 법

1 쌀떡은 15분 정도 물에 담갔다가 물기를 뺀 뒤 참기름 1큰술을 넣고 버무린다.
2 소고기는 먹기 좋게 썬다.
3 분량의 재료를 골고루 섞어 양념을 만들고 소고기에 1/3분량을 넣어 재운다.
4 당근은 6cm 길이로 채 썰고 대파는 당근과 같은 길이로 썰고 양파는 채 썬다.
5 달군 팬에 쌀떡과 물, 나머지 분량의 양념을 넣고 끓인다.
6 한소끔 끓어오르면 **3**의 소고기, 굴소스를 넣고 볶는다.
7 당근과 대파, 양파를 넣고 숨이 죽을 때까지 볶은 뒤 참기름 1큰술을 두른다.

Iwatani

Iwatani

두부김치

이름만 들어도 침이 고이는 메뉴입니다. '비 오는 날에는 두부김치에 막걸리'는 마치 하나의 속담 같기도 하죠. 잘 익은 김치에 빨갛게 볶은 돼지고기, 김이 모락모락 나는 두부와 막걸리는 최고의 조합이라고 생각합니다.

(사진 p.96)

재료(2인)

두부 1모(300g)
김치 300g
돼지고기(앞다리살) 250g
쪽파 3대
김칫국물 5큰술
들기름 2큰술
고춧가루 1큰술
올리고당 1작은술
고추장 1/2큰술
식용유 적당량

돼지고기 양념

마늘 다진 것 1/2큰술
맛술 1큰술
간장 1큰술
생강가루 1/2작은술

만드는 법

1 김치는 4cm 너비로 자른다.
2 돼지고기는 5cm 크기로 자른다.
3 분량의 재료를 골고루 섞어 돼지고기 양념을 만들고 돼지고기를 넣어 버무린다.
4 쪽파는 4cm 길이로 자른다.
5 두부를 끓는 물에 넣어 10분 정도 데치고 망에 올려 물기를 뺀다.
6 팬에 식용유를 두르고 달군 뒤 돼지고기를 넣어 볶다가 김치를 넣는다.
7 김칫국물, 고춧가루, 올리고당, 고추장을 넣어 볶다가 쪽파와 들기름을 넣어 마무리한다.
8 두부를 먹기 좋게 자르고 **7**의 김치와 함께 그릇에 담는다.

기름떡볶이

저는 떡볶이를 너무 좋아해서 1주일에 3~4번은 꼭 만들어 먹습니다. 여행을 가도 맛있는 떡볶이 집을 찾곤 하죠. 집에서 간단하게 만들 수 있지만 맛은 근사한 레시피입니다. 이 레시피는 떡볶이를 양념에 먼저 버무리는 것이 아니라 먼저 떡을 튀기듯 볶은 뒤 떡의 겉면이 바삭바삭해지면 양념을 넣는 레시피입니다.

(사진 p.98)

재료(2인)

밀떡 300g
식용유 4큰술
참기름 4큰술

양념

올리고당 2½큰술
고춧가루 2큰술
간장 2큰술
물 2큰술
고추장 1큰술
마늘 다진 것 1큰술

만드는 법

1 밀떡을 끓는 물에 넣어 말캉하게 삶는다.
2 밀떡이 뜨거울 때 참기름을 넣어 버무린다.
3 팬에 식용유를 두르고 달군 뒤 밀떡을 넣고 겉이 살짝 바삭해지도록 튀기듯 볶는다.
4 분량의 재료를 골고루 섞어 양념을 만들고 **3**에 넣은 뒤 바삭하게 볶는다.

통오징어구이

저는 오징어를 무척 좋아해서 오징어회나 오징어채, 오징어구이 등 오징어로 만든 요리는 모두 좋아합니다. 바다의 향이 물씬 풍기는 오징어의 맛과 식감이 마음에 들어요. 요즘은 오징어가 비싸기도 하고 수요가 많지 않아서 자주 먹지는 못하지만 가끔 싱싱한 오징어가 보이면 꼭 구입해서 매콤하게 구워 먹기도 합니다.

(사진 p.99)

재료(2인)
오징어 2마리
어린잎 채소 적당량
양념
대파 다진 것 2큰술
고추장 2큰술
올리고당 2큰술
물 2큰술
고춧가루 1큰술
간장 1큰술
마늘 다진 것 1/2큰술
참치액 1/2큰술

만드는 법

1 오징어는 내장을 제거하고 깨끗이 씻은 뒤 1cm 간격으로 칼집을 낸다.
2 분량의 재료를 골고루 섞어 양념을 만든다.
3 어린잎 채소를 씻어 체에 밭친다.
4 달군 팬에 오징어를 굽는다.
5 앞뒤로 **2**의 양념을 바르면서 2분씩 굽고 그릇에 담은 뒤 어린잎 채소를 올린다.

꽃게어묵탕

떡볶이의 친구인 어묵탕은 저에겐 추억의 메뉴입니다. 때로는 친구들과 어묵바에 가서 술을 마시기도 하는데요, 어묵도 맛있지만 그 국물이 별미죠. 소면을 넣어 먹어도 맛있고요. 맛있는 어묵과 꽃게로 시원한 어묵탕을 끓여 보세요. 술 한 잔이 생각날 수밖에 없을 거예요.

(사진 p.100)

재료(2~3인)

꽃게 1마리
모둠 어묵 400g
무 150g
멸치국물팩 2개(p.124참고)
대파 1대(국물용)+토핑용 15g
홍고추 1개
마늘 다진 것 1큰술
물 6컵
국간장 2큰술
참치액 1큰술
후추 약간

만드는 법

1 꽃게는 깨끗이 씻어서 손질하고 무는 큼직하게 4등분하고 홍고추는 길게 반으로 자른다.

2 무, 국물용 대파, 멸치국물팩, 물을 냄비에 넣고 10분 정도 끓여서 국물을 낸 뒤 멸치국물팩과 대파를 건진다.

3 꼬치에 어묵을 끼운다.

4 **2**의 국물에 마늘, 국간장, 참치액을 넣는다.

5 **3**의 어묵을 넣고 강불에서 끓이다가 한소끔 끓어오르면 중불로 줄인다.

6 꽃게와 홍고추를 넣은 뒤 중불에서 끓인다.

7 무와 꽃게가 익었는지 확인하고 후추를 뿌린 뒤 송송 썬 대파를 올린다.

돼지고기두부김치전

김치는 참 고마운 재료입니다. 그냥 먹어도 맛있고 다양하게 활용할 수도 있죠. 김치전은 어제 먹었어도 다른 사람이 먹는 걸 보면 또 먹고 싶어지는 메뉴입니다. 돼지고기를 넣어 만든 김치전은 막걸리 안주로도 잘 어울리죠. 전을 부칠 때는 식용유를 넉넉히 넣어주세요. 이 레시피는 2가지 돼지고기가 들어가는데 하나는 다짐육이고 다른 하나는 잡채용 고기입니다. 다짐육으로만 전을 하면 씹는 맛이 덜해서 2가지를 사용했어요.

(사진 p.102)

재료(2인)

김치 300g
돼지고기(등심, 잡채용) 100g
돼지고기 다진 것 100g
두부 100g
부침가루 110g
달걀 1개
물 1/4컵
참기름 1큰술
고춧가루 1/2큰술
소금 1/2작은술
식용유 적당량

만드는 법

1 김치는 1cm 크기로 자르고 돼지고기는 1.5cm 너비로 자른다.

2 두부는 키친타월로 물기를 뺀 뒤 으깬다.

3 볼에 **1**, **2**, 돼지고기 다진 것을 넣는다.

4 달걀과 부침가루, 물, 고춧가루, 소금을 넣고 반죽을 만든다.

5 팬에 참기름과 식용유를 두르고 달군 뒤 **4**의 반죽을 모양을 잡아 올리고 중강불에서 노릇노릇하게 부친다. 중간중간 식용유를 보충한다.

명란구이와 부추미소무침

무거운 음식이 부담스러울 때는 냉장실에 보관한 명란을 굽고 마요네즈를 곁들여 간단한 술안주를 만들어 보세요. 여기에 부추를 곁들이면 짭짤한 맛까지 잡아서 간단하고 맛있는 안주가 됩니다. 부추는 미소드레싱에 간단하게 무치면 부담스럽지 않고 다른 안주에 곁들여도 좋아요. 명란은 조금 덜 짠 백명란을 추천합니다.

(사진 p.104)

재료(1~2인)
명란 60g(2줄)
부추 75g
마요네즈 3큰술
참기름 2큰술

미소드레싱
들기름 2큰술
미소 $1\frac{1}{2}$큰술
식초 1큰술
맛술 $1\frac{1}{2}$큰술
올리고당 1큰술
간장 $\frac{1}{2}$큰술
마늘 다진 것 $\frac{1}{2}$큰술

만드는 법

1 부추는 4cm 길이로 자른다.

2 팬에 참기름을 두르고 달군 뒤 명란을 넣고 앞뒤로 4분씩 약불에서 굽는다.

3 분량의 재료를 골고루 섞어 미소드레싱을 만들고 부추를 넣은 뒤 골고루 버무린다.

4 명란은 먹기 좋게 1cm 크기로 자르고 마요네즈를 곁들인다.

두부튀김

두부에 전분을 입혀 노릇노릇하게 튀기면 고소한 두부튀김이 완성됩니다. 새콤하고 달콤한 소스를 올리면 좀 더 특별해질 뿐 아니라 튀김의 느끼한 맛까지 잡아줍니다. 이 양념장에 양상추나 양배추를 채 썰어 곁들여도 좋고 프라이드 치킨을 찍어 먹어도 색다른 매력이 있어요.

(사진 p.106)

재료(2인)

두부 1모(500g)
전분(감자) 적당량
식용유 적당량

양념장

대파 ½대
청고추 1개
홍고추 1개
물 6큰술
간장 4큰술
식초 3큰술
설탕 2큰술
참기름 1큰술
마늘 다진 것 1큰술
후추 약간

만드는 법

1 두부는 먹기 좋게 3cm 크기로 깍둑썰기하고 키친타월로 물기를 제거한다.

2 두부에 전분을 골고루 입힌다.

3 대파와 고추는 송송 썰고 나머지 분량의 양념장 재료와 골고루 섞는다.

4 냄비에 식용유를 넣어 170℃ 정도로 끓이고 두부를 넣은 뒤 2분 정도 노릇노릇하도록 튀긴다.

5 튀긴 두부 위에 **3**의 양념장을 뿌린다.

닭날개간장조림

어릴 때는 고기의 퍽퍽한 부분을 좋아했는데 지금은 부드럽고 연한 부분을 좋아하게 되었어요. 저는 닭다리보다 윗날개 부분인 닭봉을 좋아하는데, 닭다리 하나는 부담스럽지만 닭날개는 부담이 없어 자꾸 먹을 수 있기 때문이에요. 닭날개를 오븐에 굽고 양념을 진득하게 볶아주면 맛있는 간식과 안주가 완성됩니다. 이 요리는 단맛을 살렸으니 올리고당을 좀 더 줄여도 좋아요. 파채를 곁들이면 단맛과 잘 어울립니다.

(사진 p.108)

재료(2인)

닭고기(윗날개) 500g
우유 2컵
소금 1작은술
후추 약간

양념

올리고당 $3\frac{1}{2}$큰술
맛술 3큰술
간장 $1\frac{1}{2}$큰술
마늘 다진 것 1큰술
생강가루 $\frac{1}{2}$작은술

만드는 법

1 닭고기를 우유에 담가 30분 정도 재우고 체에 밭쳐 물기를 뺀다.
2 오븐 팬에 올리고 소금, 후추로 간한다.
3 180℃로 예열한 오븐에서 13분 정도 굽는다.
4 분량의 재료를 골고루 섞어 양념을 만들고 팬에 넣은 뒤 살짝 끓인다.
5 3의 닭고기를 넣고 진득하게 볶으면서 색이 나도록 조린다.

대파닭꼬치

이 레시피는 고추장양념으로 만들었지만 소금, 후추만 뿌려서 구우면 소금구이가 됩니다. 닭고기는 잡내를 제거하기 위해 맛술이나 우유에 담갔다가 물기를 제거하고 꼬치에 끼웁니다. 시판 대나무 꼬치를 사용할 경우 물에 담가 두어야 고기가 찢어지지 않고 잘 들어가요. 중간중간 닭고기에 양념을 바르며 타지 않게 굽는 게 중요하므로 닭이 마르면 올리브유를 중간중간 뿌려 주세요. 허벅지살을 이용하면 닭가슴살보다 더 부드럽습니다.

(사진 p.109)

재료(2인)

닭고기(허벅지살) 400g
맛술 5큰술
대파 3대
소금 약간
후추 약간
올리브유 적당량

고추장양념

고춧가루 2큰술
간장 2큰술
올리고당 2큰술
물 2큰술
마늘 다진 것 1큰술
고추장 1큰술
참기름 1큰술

만드는 법

1 분량의 재료를 골고루 섞어 고추장양념을 만든다. 닭고기는 3.5cm 크기로 먹기 좋게 자른다.
2 맛술에 10분 정도 재운다.
3 대파는 흰 뿌리를 중심으로 3cm 길이로 자른다.
4 대나무 꼬치를 물에 담가 둔다.
5 꼬치에 닭고기와 대파를 번갈아 끼우고 소금, 후추로 간한 뒤 10분 정도 둔다.
6 팬을 달구고 올리브유를 두른 뒤 **5**의 꼬치를 올린다.
7 고추장양념을 **6**의 꼬치에 앞뒤로 바르면서 타지 않도록 주의하며 중약불에서 닭고기가 익을 때까지 굽는다.

고추잡채

저는 만두나 호빵의 빵 부분을 좋아해서 고추잡채를 먹을 때도 꼭 꽃빵 위에 올려 먹습니다. 집에서 정통 중국 요리의 맛을 내긴 어렵지만 간단하게 만들 수 있는 술안주로 참 좋은 메뉴입니다. 씹는 맛을 살리기 위해 목이버섯을 넣었어요.

(사진 p.110)

재료(2인)

돼지고기(등심, 잡채용) 130g
꽃빵 4개
청피망 1개
홍피망 1개
목이버섯 50g
양파 40g
달걀흰자 1개 분량
식용유 2큰술
맛술 1큰술
간장 1작은술
소금 약간
후추 약간

양념

굴소스 1큰술
간장 1큰술
올리고당 1/2큰술

만드는 법

1 분량의 재료를 골고루 섞어 양념을 만든다.

2 피망은 씨를 제거하고 0.3cm 두께로 길게 채 썰고 양파와 목이버섯도 0.3cm 두께로 길게 채 썬다.

3 돼지고기에 달걀흰자를 넣고 맛술, 소금, 후추를 넣어 버무린다.

4 팬에 식용유를 두르고 강불에서 달군 뒤 **3**의 돼지고기를 넣고 익힌다.

5 양파를 넣고 볶다가 피망과 목이버섯을 넣는다.

6 양념을 **5**에 넣어 볶은 뒤 꽃빵을 곁들인다.

李錦記
LEE KUM KEE
PANDA BRAND
OYSTER SAUCE
팬더 굴소스

Iwatani

채소전

집에 있는 자투리 채소로 만든 전이지만 기대 이상으로 맛있습니다. 가끔은 일부러 자투리 채소를 남겨서 채소전을 만들기도 합니다. 전이지만 채소만 들어가 부담이 덜 하죠. 비슷한 크기로 채소를 채 썰어 노릇노릇하게 부쳐 먹으면 혼자라도 2장은 거뜬히 먹을 수 있어요.

(사진 p.111)

재료(2인)

감자 200g
애호박 140g
양파 100g
팽이버섯 1봉지
물 1컵
부침가루 7큰술
전분 1큰술
소금 1작은술
식용유 적당량

양념

간장 2큰술
식초 1/2큰술
고춧가루 1/2큰술
깨 1/2작은술
대파(또는 부추) 다진 것 적당량

만드는 법

1 애호박과 양파, 감자는 채 썬다.
2 팽이버섯은 끝부분을 자르고 먹기 좋게 찢는다.
3 모든 재료를 볼에 담고 젓가락으로 골고루 섞는다.
4 팬에 식용유를 두르고 중강불에서 달군 뒤 **3**의 반죽을 넣고 앞뒤로 노릇노릇하게 부친다.
5 분량의 양념 재료를 골고루 섞어 양념을 만든 뒤 채소전에 곁들인다.

CHEEZ-IT
white cheddar
nutella
HEINZ
TOMATO KETCHUP
MACKAYS
SCOTTISH STRAWBERRY PRESERVE
Bob's Red Mill
UNBLEACHED WHITE
ALL-PURPOSE
ORGANIC FLOUR
★AMERICA'S BEST BAKING FLOUR★
COOKIES CAKES BREAD BISCUITS
BROWNIES MUFFINS PASTRIES
PANCAKES ROLLS PIZZA CRUST PIES
ORIGINAL NEW YORK SELTZER
BLACK CHERRY SODA
ORIGINAL NEW YORK SELTZER
ORIGINAL NEW YORK SELTZER
fluff
SUN TEA
SUN TEA

FLOUR
SALT
Pepper
Happy Holidays
Snoopy's Sweet Chocolate Cocoa
PEANUTS
Holiday Hot Chocolate
Campbell's
COMPRENANT 4 PIECES
SPOON HANDLE MUGS
M'm! M'm! Good!
SOUP
4 MUGS

집밥둘리 가정식

1판 1쇄 발행 2021년 6월 30일
1판 2쇄 발행 2021년 7월 16일

지은이 박지연
편집인 김옥현

사진 Studio Sim(심윤석, 이해리)
디자인 엄자영
마케팅 정민호 박보람 김수현
홍보 김희숙, 함유지, 김현지, 이소정, 이미희, 박지원
저작권 김지영 이영은
제작 강신은 김동욱 임현식
제작처 상지사

펴낸곳 (주)문학동네
펴낸이 염현숙
출판등록 1993년 10월 22일 제406-2003-000045호
임프린트 테이스트북스tasteBOOKS

주소 10881 경기도 파주시 회동길 210
문의전화 031)955-3570(마케팅), 031)955-2693(편집)
팩스 031)955-8855
전자우편 selina@munhak.com

ISBN 978-89-546-8044-8 13590

www.munhak.com